40 Minutos
DE ESTUDIO BÍBLICO

PROGRAMA DE
ESTUDIO
EN 6 SEMANAS

MINISTERIOS
PRECEPTO
INTERNACIONAL

CÓMO PUEDE UN HOMBRE

CONTROLAR

SUS PENSAMIENTOS,

DESEOS

Y PASIONES

BOB VEREEN

CÓMO PUEDE UN HOMBRE CONTROLAR SUS PENSAMIENTOS, DESEOS Y PASIONES

Las citas bíblicas han sido tomadas de la NUEVA BIBLIA DE LOS HISPANOS
Copyright 2005 Por la Fundación Lockman.
Derechos reservados. Usadas con permiso.
http://www.NBLH.org (Español) http://www.lockman.org (English)

Texto derivado de LA BIBLIA DE LAS AMERICAS
Copyright © 1986, 1995, 1997 by the Lockman Foundation.

Las citas de la Escritura en cursiva reflejan un énfasis agregado por el autor.

ISBN 978-1-62119-025-7

Copyright © 2006 por Ministerios Precepto Internacional

Todos los derechos son reservados. Ninguna parte de esta publicación puede
reproducirse, traducirse, ni transmitirse por ningún medio electrónico o mecánico que
incluya fotocopias, grabaciones o cualquier tipo de recuperación y almacenamiento de
información sin permiso escrito del editor.

WATERBROOK y el diseño del venado de su logotipo son marcas registradas de Random
House Inc.

Precepto, Ministerios Precepto Internacional, Ministerios Precepto Internacional
Especialistas en el Método de Estudio Inductivo, la Plomada, Precepto Sobre Precepto,
Dentro y Fuera, ¡Más Dulce que el Chocolate! Galletas en el Estante de Abajo, Preceptos
para la Vida, Preceptos de la Palabra de Dios y Ministerio Juvenil Transform son marcas
registradas de Ministerios Precepto Internacional

2012—Edición Estados Unidos

ENTRENAMIENTO GRATUITO EN CÓMO USAR LA SERIE "40 MINUTOS"

Nuestra misión es

ESTABLECER A LAS PERSONAS EN LA PALABRA DE DIOS

En Ministerios Precepto creemos que la única respuesta verdadera para impactar a nuestro tan necesitado mundo *es una vida transformada* por la poderosa Palabra de Dios. Con esto en mente, nos estamos movilizando para alcanzar al mundo hispano con el fin de que aprenda a "usar bien la Palabra de Verdad". Para ello, actualmente estamos ofreciendo **entrenamiento gratuito** en las destrezas necesarias para el Estudio Bíblico Inductivo.

¡Únetenos en esta maravillosa experiencia de conocer la metodología inductiva y de aprender a usar nuestra serie de "40 Minutos"!

Puedes comunicarte con nosotros:

Llamándonos al 1-866-255-5942
O enviarnos un email a nuestra dirección: wcasimiro@precept.org

También puedes escribirnos solicitando más información a:
Precept Ministries International
Spanish Ministry
P.O. BOX 182218
Chattanooga, TN 37422
O visitar nuestra página WEB: www.precept.org

Estamos a tu completa disposición, pues estamos convencidos que existimos para cooperar juntamente con la iglesia local con el fin de ver a nuestro pueblo viviendo como ejemplares seguidores de Jesucristo, que estudian la Biblia inductivamente, miran al mundo bíblicamente, hacen discípulos intencionalmente y sirven fielmente a la iglesia en el poder del Espíritu Santo.

Este estudio bíblico inductivo ha sido diseñado para grupos pequeños que están interesados en conocer la Biblia, pero que disponen de poco tiempo para reunirse. Por ejemplo, es ideal para grupos que se reúnen a la hora de almuerzo en el trabajo, para estudios bíblicos de hombres, para grupos de estudio de damas, o para clases pequeñas de Escuela Dominical. También, es ideal para grupos que se reúnen durante períodos más largos—como por las noches o los sábados por la mañana—pero que sólo quieren dedicar una parte de su tiempo al estudio bíblico, reservando el resto del tiempo para la oración, comunión y otras actividades.

Este libro está diseñado de tal forma que el grupo tendrá que realizar la tarea de cada lección *al mismo tiempo* que se realiza el estudio.

Sin embargo, se necesitará de un moderador para dirigir al grupo —alguien que permita que la discusión se mantenga activa. La función de esta persona *no* es la de conferencista o maestro. No obstante, cuando este libro se usa en una clase de Escuela Dominical, o en una reunión similar, el maestro debe sentirse en libertad de dirigir el estudio de forma más abierta, dando otras observaciones además de las que se encuentran en la lección semanal.

Si *eres* el moderador del grupo, a continuación encontrarás algunas recomendaciones que te ayudarán a hacer más fácil tu trabajo:

- Antes de dirigir al grupo, revisa toda la lección y marca el texto. Esto te familiarizará con el contenido y te capacitará para ayudar al grupo con mayor facilidad. Te será más cómodo dirigir al grupo si sigues las instrucciones de cómo marcar, y si tú como líder escoges un color específico para cada símbolo que marques.

- Al dirigir el grupo, comienza por el inicio del texto y lee en voz alta siguiendo el orden que aparece en la lección, incluyendo los "cuadros de aclaración" que pueden aparecer, después de las instrucciones, o en medio de tus observaciones o de la discusión. Trabajen la lección juntos, observando y discutiendo lo que aprenden. Al leer los versículos bíblicos, haz que el grupo diga en voz alta la palabra que se está marcando en el texto.

- Las preguntas de discusión sirven para ayudarte a cubrir toda la lección. A medida que la clase participe en la discusión, te darás cuenta de que ellos responderán a las preguntas por sí mismos. Ten presente que las preguntas de discusión son para guiar al grupo en el tema, no para suprimir la discusión.

- Recuerda lo importante que es para la gente el expresar sus respuestas y descubrimientos. Esto fortalece grandemente su entendimiento personal de la lección semanal. Asegúrate de que todos tengan oportunidad de contribuir en la discusión semanal.

- Mantén la discusión activa. Esto puede significar el pasar más tiempo en algunas partes del estudio que en otras. De ser necesario, siéntete en libertad de desarrollar una lección en más de una sesión. Sin embargo, recuerda que no debes ir a un ritmo muy lento. Es mejor que cada uno sienta que contribuye a la discusión semanal, "que deseen más", a que se retiren por falta de interés.

- Si las respuestas del grupo no te parecen adecuadas, puedes recordarles cortésmente, que hay que mantenerse enfocados en la verdad de las Escrituras. Tu meta es aprender lo que la Biblia dice, no adaptarte a filosofías humanas. Sujétate únicamente a las Escrituras y permite que Dios te hable. ¡Su Palabra es verdad (Juan 17:17)!

CÓMO PUEDE UN HOMBRE CONTROLAR SUS PENSAMIENTOS, DESEOS Y PASIONES

Vivimos en un mundo visual. Todo comerciante sabe que captar la atención de un cliente es crucial, y que el recurso visual es la clave para provocar una primera impresión positiva. Ésta es una de las razones por la que vemos tantas imágenes sexuales seductoras en la publicidad y en el mercadeo. Los comerciantes de todo el mundo saben que con imágenes sexuales explícitas se puede captar la atención de la mayoría de los hombres. Cualquier producto pensado para caballeros es promovido por una mujer atractiva, vestida con un atuendo seductor.

Vivimos en un mundo inundado con imágenes sexuales.

Algunos de los programas de televisión, más populares entre los hombres de hoy, están llenos de escenas de desnudos, pasión y promiscuidad. Es alarmante el porcentaje de películas pornográficas que están alquilando los hombres. Hoy en día, los esposos se quedan despiertos hasta altas horas de la noche, mucho después de que su esposa e hijos se han ido a la cama a dormir; a esa hora ellos sintonizan su canal pornográfico nocturno, por cable, o se conectan a uno de los muchos sitios Web pornográficos. *Después de todo*, se dicen a sí mismos, *sólo estoy mirando, no estoy tocando.*

Vivimos en un mundo promiscuo. El índice de divorcios es abrumador. La inmoralidad se está convirtiendo en norma de la sociedad. La actividad sexual fuera del matrimonio es perdonada y promovida de cualquier forma imaginable. Los delitos sexuales se están convirtiendo en cosa de todos los días; incluso en las profesiones consideradas como las más sagradas.

En medio de este increíble bombardeo de inmoralidad sexual, ¿hay alguna posibilidad de que el hombre pueda controlar sus pensamientos, pasiones y deseos? ¿Debería hacer el intento? ¿Qué dice la Biblia sobre las normas sexuales de hoy? ¿Cómo puede un hombre resistir las tentaciones a las que se enfrenta cada día? ¿Cómo puede vencer sus debilidades? ¿Cómo puede mantener sus pensamientos bajo control, sus pasiones refrenadas, y sus deseos en orden?

Éstas son algunas de las preguntas que queremos responder al explorar inductivamente la Biblia en relación a este tema. Esto significa que observarás la Palabra de Dios por ti mismo. Una vez que descubras lo que dice y lo que significa, podrás entonces hacer los ajustes necesarios en tu vida, a fin de vivir como corresponde.

Así que, ¡comencemos!

Nuestras reglas de conducta generalmente son establecidas por la sociedad en que vivimos. Algunas veces están escritas como leyes, otras veces son simplemente sobreentendidas y adoptadas por la mayoría de sus miembros. Sin embargo, con el paso del tiempo, las normas pueden cambiar por muchas razones. Puede ser que lo considerado hoy en día como una conducta aceptable, antiguamente hubiera sido desaprobado. Y que lo considerado antiguamente como un comportamiento aceptable, en algún momento sea calificado como "anticuado".

Dios, también ha establecido reglas de conducta. Su norma, sin embargo, nunca cambia; ha sido la misma a lo largo de todas las edades.

Esto nos plantea algunas interrogantes: ¿Cuál norma debe obedecer el creyente—la de Dios o la establecida por la sociedad? ¿En qué área de la vida, el hombre experimentará una mayor tensión entre estas dos normas? ¿En qué formas específicas difiere la norma de Dios con la de nuestra sociedad, y cómo debería afectar esto nuestras elecciones cotidianas?

Veamos lo que podemos aprender de las respuestas a estas preguntas, a medida que ahondamos en la Palabra de Dios.

OBSERVA

Líder: Lee en voz alta 1 Tesalonicenses 4:1-8.

- *Cuando leas estos versículos, pide al grupo que encierre en un círculo y que diga en voz alta toda referencia a los **destinatarios**, particularmente cada referencia verbal y sus pronombres: **les, su, ustedes** y **nos.***

1 Tesalonicenses 4:1-8

[1] Por lo demás, hermanos, les rogamos, y les exhortamos en el Señor Jesús, que tal como han recibido de nosotros *instrucciones* acerca de la manera

en que deben andar (se deben conducir) y agradar a Dios, como de hecho ya andan, así abunden en *ello* más y más.

² Pues ustedes saben qué preceptos les dimos por autoridad (por medio) del Señor Jesús.

³ Porque ésta es la voluntad de Dios: su santificación; *es decir,* que se abstengan de inmoralidad sexual;

⁴ que cada uno de ustedes sepa cómo poseer (tener) su propio vaso en santificación y honor,

⁵ no en pasión degradante, como los Gentiles (paganos) que no conocen a Dios.

⁶ Que nadie peque ni defraude a su hermano en este asunto, porque *el*

ACLARACIÓN

La palabra andar, en el versículo 1, describe el estilo de vida, conducta o comportamiento de una persona.

DISCUTE

• ¿Qué aprendiste al marcar las referencias a los destinatarios?

• Considerando la definición dada en el cuadro de aclaración, y observando cuidadosamente los versículos 1 y 2, ¿qué serían capaces de hacer los destinatarios, si siguieran las instrucciones y preceptos?

OBSERVA

Líder: Una vez más, lee en voz alta 1 Tesalonicenses 4:1-8; esta vez pide al grupo que diga en voz alta las siguientes palabras clave, mientras las marcan de la siguiente manera:

• *Traza un rectángulo alrededor de la palabra* **santificación**.

- Dibuja una nube como ésta ☁, alrededor de las palabras **inmoralidad sexual, pasión de concupiscencia e impureza.**

ACLARACIÓN

La palabra santificación se refiere al proceso continuo y cotidiano de llegar a ser santo y puro de mente y cuerpo; consagrado a Dios para Sus propósitos y viviendo separados de las influencias de una sociedad pecaminosa.

DISCUTE

- De acuerdo con el versículo 3, ¿cuál es la voluntad de Dios para el creyente?

- Observa cada lugar en que marcaste la palabra *santificación*. ¿Qué estilo de vida estaba contrastando Pablo con la santificación?

- ¿De qué les dijo Pablo que se tenían que "abstener" para ser santificados?

Señor es *el* vengador en todas estas cosas, como también antes les dijimos y advertimos solemnemente.

[7] Porque Dios no nos ha llamado a impureza, sino a (vivir en) santificación.

[8] Por tanto, el que rechaza *esto* no rechaza a un hombre, sino al Dios que les da a ustedes Su Espíritu Santo.

• De acuerdo al versículo 7, ¿a qué propósito nos ha llamado Dios?

• Si un hombre ignora la enseñanza de Pablo con respecto a la relación entre la santificación y la inmoralidad, ¿a quién está rechazando?

ACLARACIÓN

Inmoralidad sexual se refiere a cualquier actividad sexual que se dé fuera de la relación matrimonial, establecida en la Biblia, entre un hombre y una mujer.

En el Griego, la palabra traducida como *abstengan* está en tiempo presente, implicando un estilo de vida continuo y cotidiano.

Muchos de los nuevos creyentes de Tesalónica habían participado anteriormente en ceremonias religiosas paganas, en que la inmoralidad sexual era parte de la adoración. Además, todas las formas de inmoralidad sexual eran aceptadas como norma en aquella cultura.

• Considerando la cultura en la que vivían los Tesalonicenses (ver el cuadro de aclaración), ¿por qué crees que Pablo planteó el tema de la inmoralidad sexual en relación con el agradar a Dios? ¿Cómo este tema en particular podría resultar preocupante para este grupo de creyentes?

• ¿Qué similitudes ves, en caso de que las hubiere, entre su cultura y la nuestra?

• ¿Cuáles son algunos de los mensajes que nuestra cultura envía a los hombres, con respecto a la inmoralidad sexual?

1 Tesalonicenses 2:1–2, 14

OBSERVA

Líder: Lee en voz alta 1 Tesalonicenses 4:3-5, nuevamente.
  • *Al leer estos versículos, pide al grupo que subraye con doble línea la palabra* **vaso**.

[3] Porque ésta es la voluntad de Dios: su santificación; *es decir,* que se abstengan de inmoralidad sexual;

[4] que cada uno de ustedes sepa cómo poseer (tener) su propio vaso en santificación y honor,

[5] no en pasión degradante, como los Gentiles (paganos) que no conocen a Dios.

ACLARACIÓN

En el versículo 4, Pablo usó la palabra vaso para describir algo que los creyentes de Tesalónica debían poseer "en santificación y honor". Los teólogos se encuentran algo divididos en cuanto a si Pablo usó la palabra vaso para referirse al *"cuerpo"*, o si la usó para referirse a la *"esposa"*. En Griego del Nuevo Testamento, el idioma original, la misma palabra puede tener los dos significados. Ahora bien, sea que Pablo se refiriera a uno u otro de estos significados, ambos demandan que el creyente viva delante de Dios en santidad y pureza.

La palabra *poseer*, básicamente significa "obtener para uno mismo, comprar o adquirir". También tiene la connotación de tener algo bajo control.

Si fuera la mujer el vaso que el hombre debe "poseer", entonces el creyente debe adquirir y mantener una relación de matrimonio que honre a Dios mediante su pureza sexual.

Si fuera el cuerpo lo que el hombre debe "poseer", entonces debe mantener los deseos de su carne bajo control en todo momento, y no involucrarse en ninguna actividad sexual que no sea pura y santa.

DISCUTE

- A la luz del contexto de los versículos 3-5, si el versículo 4 se leyera, "que cada uno de vosotros sepa cómo poseer su propio *cuerpo* en santificación y honor", ¿cómo afectaría esto las decisiones cotidianas de un hombre?

- ¿Qué límites le pone esto a un hombre, soltero o casado, con relación a lo que hace con su cuerpo?

- Si el versículo 4 se leyera, "que cada uno de vosotros sepa cómo poseer su propia *esposa* en santificación y honor", ¿cómo afectaría esto la relación matrimonial de un hombre?

- ¿Cómo afectaría esto a lo que tiene lugar entre un esposo y esposa en el lecho matrimonial? ¿Son todos los comportamientos bíblicamente legítimos, o las palabras *santificación* y *honor* denotan algunas limitaciones?

- De acuerdo a este pasaje, ¿qué podría evitar que cumplieras en tu vida la voluntad de Dios?

• Basado en lo que has aprendido en este pasaje de 1 Tesalonicenses, ¿cuál es la norma de Dios para el creyente y qué debe hacer él para cumplirla?

1 Pedro 3:7

Ustedes, maridos, igualmente, convivan de manera comprensiva *con sus mujeres*, como con un vaso más frágil, puesto que es mujer, dándole honor por ser heredera como ustedes de la gracia de la vida, para que sus oraciones no sean estorbadas.

OBSERVA

Considerando la definición de vaso como "esposa", analicemos más de cerca la instrucción de Pablo con respecto a poseer su propio vaso en santificación y honor. Observemos algunos versículos que tratan acerca del hombre, su esposa, la relación matrimonial—y cómo se relaciona todo esto con su santificación.

Líder: Lee en voz alta 1 Pedro 3:7.
• *Pide al grupo que subraye las palabras* ***mujeres, mujer y dándole.***

ACLARACIÓN

La palabra *vaso*, que se usa en 1 Pedro 3:7, es la misma palabra griega que se utiliza en 1 Tesalonicenses 4:4.

DISCUTE

• ¿Cómo se describe a las esposas en este pasaje?

• ¿Cómo deben ser tratadas?

• ¿Cómo afecta el vivir con tu esposa "de manera comprensiva" tu relación sexual con ella?

• Si un esposo no le da honor a su esposa, ¿cómo le afectará esto a él?

OBSERVA

Líder: *Lee en voz alta 1 Corintios 7:2.*
• *Pide al grupo que dibuje una nube alrededor de la palabra **inmoralidades**.*

1 Corintios 7:2

No obstante, por razón de las inmoralidades, que cada uno tenga su propia mujer, y cada una tenga su propio marido.

DISCUTE

• De acuerdo con este versículo, ¿por qué necesita un hombre su propia esposa, y una mujer su propio marido?

Hebreos 13:4

Sea el matrimonio honroso en todos, y el lecho *matrimonial* sin deshonra, porque a los inmorales y a los adúlteros los juzgará Dios.

OBSERVA

Líder: *Lee en voz alta Hebreos 13:4.*
• *Pide al grupo que subraye las palabras **matrimonio y matrimonial.***

ACLARACIÓN

La palabra inmorales hace referencia a personas involucradas en la inmoralidad sexual, la cual es definida en la Biblia, de la siguiente forma:

• sexo con miembros de la misma familia biológica o con quienes se está emparentado por el matrimonio (incesto)
• sexo con animales (zoofilia)
• sexo con alguien del mismo sexo (homosexualidad y lesbianismo)
• cualquier actividad sexual con una persona con la que no se está casado, esto incluye pedofilia, prostitución, sexo casual, etc.

Un adúltero es una persona casada que comete un acto sexual con alguien que no es su cónyuge.

DISCUTE
- ¿Qué aprendiste sobre el matrimonio en este versículo?

- ¿Qué deshonra el lecho matrimonial?

- Si se deshonra el lecho matrimonial, ¿qué le sucederá al ofensor?

- ¿El ver imágenes sexuales en el Internet, películas o revistas—cualquier cosa que estimule la imaginación en cuanto a tener sexo con otra persona que no sea su cónyuge—es coherente con honrar el lecho matrimonial? Explica tu respuesta.

OBSERVA
Ahora, tomemos la definición de vaso como "cuerpo"; examinemos algunos versículos que tratan acerca del hombre y su cuerpo, y cómo se relaciona esto con la santificación.

Líder: Lee 1 Corintios 6:12-20. Pide al grupo que haga lo siguiente:
- *Subrayar cada referencia a la frase **no saben**.*

1 Corintios 6:12-20

[12] Todas las cosas me son lícitas, pero no todas son de provecho. Todas las cosas me son lícitas, pero yo no me dejaré dominar por ninguna.

¹³ Los alimentos son para el estómago y el estómago para los alimentos, pero Dios destruirá a los dos. Sin embargo, el cuerpo no es para la fornicación, sino para el Señor, y el Señor es para el cuerpo.

¹⁴ Y Dios, que resucitó al Señor, también nos resucitará a nosotros mediante Su poder.

¹⁵ ¿No saben que sus cuerpos son miembros de Cristo (el Mesías)? ¿Tomaré, acaso, los miembros de Cristo y los haré miembros de una ramera? ¡De ningún modo!

¹⁶ ¿O no saben que el que se une a una ramera es un cuerpo *con ella*? Porque El dice: "Los dos vendran a ser una sola carne."

- *Dibujar un rectángulo alrededor de cada referencia a **cuerpo** o **cuerpos**.*
- *Dibujar una nube alrededor de cada referencia a **fornicación** o **fornicario**.*

DISCUTE

- ¿Qué aprendiste al marcar las referencias a cuerpo?

- ¿Qué sucede cuando un hombre se une a una ramera?

- ¿Qué sucede cuando un hombre se une al Señor?

- ¿Cómo afecta a nuestra santificación lo que hagamos con nuestros cuerpos?

- ¿Qué libertades tienes con tu cuerpo?

• De acuerdo con el versículo 18, ¿qué se nos ordena? ¿Por qué?

¹⁷ Pero el que se une al Señor, es un espíritu con El.

• De acuerdo al versículo 20, ¿cuál debe ser el objetivo final de nuestro cuerpo? ¿Puedes cumplir ese objetivo siendo inmoral?

¹⁸ Huyan de la fornicación. Todos los demás pecados que un hombre comete están fuera del cuerpo, pero el fornicario peca contra su propio cuerpo.

• Mira todos los lugares donde subrayaste *no sabéis* y observa lo que Pablo esperaba que supieran sus lectores.

¹⁹ ¿O no saben que su cuerpo es templo del Espíritu Santo que está en ustedes, el cual tienen de Dios, y que ustedes no se pertenecen a sí mismos?

OBSERVA

Líder: Lee en voz alta Efesios 5:3 impreso en la siguiente página.
• *Pide al grupo que dibuje una nube alrededor de las palabras **inmoralidad** e **impureza**.*

²⁰ Porque han sido comprados por un precio. Por tanto, glorifiquen a Dios en su cuerpo y en su espíritu, los cuales son de Dios.

ACLARACIÓN

Un santo es un creyente santificado—puro, santo e irreprensible de corazón y vida. La palabra santos viene de la misma raíz que santo y significa "ser apartado para Dios, consagrado a Él".

Efesios 5:3

Pero que la inmoralidad, y toda impureza o avaricia, ni siquiera se mencionen entre ustedes, como corresponde a los santos.

DISCUTE

- ¿Qué aprendiste en este versículo sobre la inmoralidad y el creyente?

- Al considerar todos los pasajes que has observado en esta semana, discute la norma que Dios ha establecido para el creyente y porqué la inmoralidad parece ser un problema entre los hombres cristianos.

- A través de este estudio, ¿te has sentido culpable con respecto a alguna conducta en tu vida? Toma tiempo a solas con Dios y, si es necesario, confiesa cualquier pecado.

FINALIZANDO

A través del estudio de esta semana hemos visto que la voluntad de Dios para el creyente es su santificación. Debemos vivir vidas santas, puras, rectas, irreprensibles. La inmoralidad sexual—adulterio, fornicación, pasiones lujuriosas, fantasías sexuales. El aceptar pensamientos o imágenes sexuales impuras—contamina (mancilla) el cuerpo y el lecho matrimonial. De todos los pecados, los sexuales pueden causar el mayor daño en una relación íntima con Dios, con el cónyuge y con los compañeros creyentes.

Santidad. Pureza absoluta. Ésta es la norma para el creyente. ¿Cómo puede un hombre en su diario vivir vencer las pasiones fuertes y sensuales que desafían su firme compromiso de vivir una vida recta?... ¡Mas gracias sean dadas a Dios, que en Su gran soberanía, no nos ha dejado solos para lograr esto!

Dios nos dio la Biblia para que conociéramos Sus normas. Si aprendes sus preceptos, podrás traerlos a tu memoria en los tiempos de tentación y elegir obedecerlos sin titubeos. Es así, como experimentarás la santificación. Ya hemos sido instruidos acerca de cómo andar y agradar a Dios; ahora, cada uno de nosotros debe "poseer su propio vaso en santificación y honor" (1 Tesalonicenses 4:4).

El matrimonio, tal como escribió Pablo, puede satisfacer los deseos sexuales a través de una relación íntima con la esposa. Además de honrarla delante de los hombres, esto permite que un hombre sea santo delante de Dios. Si el hombre viola este principio, Dios lo juzgará y vengará cualquier acción ilícita suya.

Dios también ha dado a cada creyente, casado o soltero, el Espíritu Santo para convencernos de pecado y guiarnos en el camino de la rectitud.

Aún a pesar de todo esto, un asombroso número de creyentes está cayendo en inmoralidad sexual. ¿Cuál será la causa de esto?

¿Está el hombre condenado a fallar en esa área? ¿Somos incapaces de vivir con éxito una vida de santidad? ¿Cómo podríamos agradar a Dios en medio de una cultura que apoya y promueve la inmoralidad sexual como derecho del hombre?

Si quieres saber cómo contestar estas preguntas, entonces no te pierdas las siguientes cinco semanas.

Tal como lo vimos en la lección de la semana pasada, Dios demanda que vivamos una vida que sea santa, pura, recta e irreprensible. Debemos reverenciarlo en todo lo que hagamos y huir del mal en cualquier circunstancia. Dios nos ha equipado con el poder del Espíritu Santo que habita en nosotros, y con Su Palabra, que nos dice cómo agradarle.

Entonces, ¿por qué la lucha entre vivir una vida en la carne y andar en el Espíritu?

La respuesta es que tenemos un enemigo que quiere que hagamos elecciones equivocadas y que llegará a los extremos para atraernos hacia el fracaso.

¿Quién es este enemigo? ¿Cuáles son sus armas? ¿En dónde ataca al creyente? Y, ¿cuál es su plan de combate? Veamos qué tiene que decir la Biblia acerca de estas preguntas.

OBSERVA

Líder: Lee en voz alta Job 1:1-5.
- *Encierra con un círculo toda referencia a **Job**, incluyendo sus pronombres.*

DISCUTE
- ¿Qué aprendiste al marcar *Job*? ¿Cómo lo describirías?

Job 1:1-5

[1] Hubo un hombre en la tierra de Uz llamado Job. Aquel hombre era intachable (íntegro), recto, temeroso de Dios y apartado del mal.
[2] Le nacieron siete hijos y tres hijas.
[3] Su hacienda era de 7,000 ovejas,

3,000 camellos, 500 yuntas de bueyes, 500 asnas y muchísima servidumbre. Aquel hombre era el más grande de todos los hijos del oriente.

4 Sus hijos acostumbraban ir y hacer un banquete en la casa de cada uno por turno, e invitaban a sus tres hermanas para comer y beber con ellos.

5 Cuando los días del banquete habían pasado, Job enviaba a *buscarlos* y los santificaba, y levantándose temprano, ofrecía holocaustos *conforme* al número de todos ellos. Porque Job decía: "Quizá mis hijos hayan pecado y maldecido a Dios en sus corazones." Job siempre hacía así.

• La semana pasada aprendimos en 1 Tesalonicenses 4:1-8 que la voluntad de Dios para el creyente es su santificación. ¿Vivía Job una vida santa delante de Dios? ¿Cómo lo sabes?

OBSERVA

Líder: Lee en voz alta Job 1:6-12. Pide al grupo que...
- *dibuje un tridente como éste* ⚷ *sobre cada referencia a Satanás.*
- *encierre en un círculo toda referencia a Job, incluyendo sus pronombres.*

DISCUTE

- Describe brevemente qué está sucediendo en este pasaje y quién está involucrado.

- ¿Te describiría Dios tal como describió a Job?

- ¿Qué aprendiste al marcar las referencias a Satanás? ¿Cuál era la postura de Satanás hacia Job?

Job 1:6-12

⁶ Un día, cuando los hijos de Dios vinieron a presentarse delante del Señor, Satanás (el adversario) vino también entre ellos.

⁷ Y el Señor preguntó a Satanás: "¿De dónde vienes?" Entonces Satanás respondió al Señor: "De recorrer la tierra y de andar por ella."

⁸ Y el Señor dijo a Satanás: "¿Te has fijado en Mi siervo Job? Porque no hay ninguno como él sobre la tierra; es un hombre intachable (íntegro) y recto, temeroso de Dios y apartado del mal."

⁹ Satanás respondió al Señor: "¿Acaso teme Job a Dios de balde?

10 "¿No has hecho Tú una valla alrededor de él, de su casa y de todo lo que tiene, por todos lados? Has bendecido el trabajo de sus manos y sus posesiones han aumentado en la tierra.

11 "Pero extiende ahora Tu mano y toca todo lo que tiene, y *verás* si no Te maldice en Tu *misma cara*."

12 Entonces el SEÑOR dijo a Satanás: "Todo lo que él tiene está en tu poder; pero no extiendas tu mano sobre él." Y Satanás salió de la presencia del SEÑOR.

• Según Satanás, ¿por qué temía Job a Dios?

• ¿Qué propuso Satanás en los versículos 10 y 11 con relación a Job?

• De acuerdo con el versículo 12, ¿está limitado el poder de Satanás? De ser así, ¿en qué forma?

OBSERVA

Líder: Lee en voz alta Job 1:13-22.

- *Encierra con un círculo toda referencia a **Job**, incluyendo sus pronombres.*
- *Subraya cada vez que se mencione la frase **sólo yo escapé para contárselo a usted.***

DISCUTE

- ¿Qué perdió Job y en qué lapso de tiempo?

- En caso de haberlo, ¿qué tendría que haber hecho Job para merecer estas calamidades?

Job 1:13-22

¹³ Y aconteció que un día en que los hijos y las hijas de Job estaban comiendo y bebiendo en la casa del hermano mayor,

¹⁴ vino un mensajero a Job y le dijo: "Los bueyes estaban arando y las asnas paciendo junto a ellos,

¹⁵ y los Sabeos atacaron y se los llevaron. También mataron a los criados a filo de espada. Sólo yo escapé para contárse*lo a usted.*"

¹⁶ Mientras estaba éste hablando, vino otro y dijo: "Fuego de Dios cayó del cielo y quemó las ovejas y a los criados y los consumió; sólo yo escapé para contárse*lo a usted.*"

¹⁷ Mientras éste estaba hablando, vino otro y dijo: "Los Caldeos formaron tres cuadrillas, se lanzaron sobre los camellos y se los llevaron, y mataron a los criados a filo de espada. Sólo yo escapé para contárse*lo a usted*."

¹⁸ Mientras éste estaba hablando, vino otro y dijo: "Sus hijos y sus hijas estaban comiendo y bebiendo vino en la casa del hermano mayor,

¹⁹ y entonces vino un gran viento del otro lado del desierto y azotó las cuatro esquinas de la casa, y *ésta* cayó sobre los jóvenes y murieron; sólo yo escapé para contárse*lo a usted*."

• ¿Cuál fue la reacción de Job a estas tragedias inesperadas?

• Mira un poco más atrás, en Job 1:11. ¿Qué reacción esperaba Satanás de Job?

• Satanás arruinó la vida familiar y las finanzas de Job, pero ¿cuál era su objetivo final?

• ¿Cómo respondes tú a la tragedia y a la adversidad?

OBSERVA

Estamos involucrados en una lucha. Nuestro enemigo es el diablo. Tal como lo muestra la historia de Job, su objetivo es destruir nuestra relación con Dios.

Líder: Lee en voz alta 1 Pedro 5:8.
* *Dibujen un tridente sobre cada referencia al **diablo**.*

ACLARACIÓN

La palabra *devorar* es la traducción del verbo Griego *katapíno* (formado por la preposición *kata*, que significa "abajo" y el verbo *pino*, que significa "comer o beber"). Lo que podría traducirse como "comer desde abajo". La palabra *devorar* nos da una ilustración del diablo intentando consumir al creyente con sus tácticas destructivas para que se vuelva ineficiente en su andar delante de Dios y en su servicio a Él.

[20] Entonces Job se levantó, rasgó su manto, se rasuró la cabeza, y postrándose en tierra, adoró,

[21] y dijo: "Desnudo salí del vientre de mi madre y desnudo volveré allá. El Señor dio y el Señor quitó; bendito sea el nombre del Señor."

[22] En todo esto Job no pecó ni culpó a Dios.

1 Pedro 5:8

Sean *de espíritu* sobrio, estén alerta. Su adversario, el diablo, anda *al acecho* como león rugiente, buscando a quien devorar.

DISCUTE

• ¿Qué aprendiste acerca del diablo en este versículo?

• ¿Te has sentido alguna vez "consumido" —abrumado o inundado—por pensamientos sexuales impuros?

• ¿Cómo te sentiste en ese momento? ¿Cuáles fueron tus pensamientos con respecto a tu relación con Dios?

Efesios 6:10-13

OBSERVA

Líder: Lee en voz alta Efesios 6:10-13. Pide al grupo que haga lo siguiente:

[10] Por lo demás, fortalézcanse en el Señor y en el poder de su fuerza.

• *Dibujar un rectángulo alrededor de cada mención de la frase **toda la armadura de Dios.***

[11] Revístanse con toda la armadura de Dios para que puedan estar firmes contra las insidias del diablo.

• *Marcar cada referencia al **diablo** con un tridente.*

• *Subrayar cada mención de la frase **estar firmes.***

OBSERVA

Líder: Lee de nuevo en voz alta el versículo 12.

- Esta vez pide al grupo que enumere cada uno de los enemigos contra los que lucha el creyente. (El primero— "principados"—ya está numerado).

DISCUTE

- De acuerdo con lo que leíste en este pasaje, ¿contra quién está luchando el creyente?

- De acuerdo al versículo 11, ¿contra qué debe estar firme el creyente?

ACLARACIÓN

Las *insidias* mencionadas en el versículo 11 son procedimientos engañosos y sistematizados usados por el diablo. Cada etapa del proceso de engaño está bien planeada, a fin de causar el máximo daño posible a la relación de la víctima con Dios.

La palabra *lucha* en el versículo 12 indica combate cuerpo a cuerpo.

12 Porque nuestra lucha no es contra sangre y carne, sino contra principados, contra potestades, contra los poderes (gobernantes) de este mundo de tinieblas, contra las *fuerzas* espirituales de maldad en las *regiones* celestes.

13 Por tanto, tomen toda la armadura de Dios, para que puedan resistir en el día malo, y habiéndolo hecho todo, estar firmes.

• ¿Qué instrucciones (mandamientos) le son dadas al creyente en este pasaje?

• Si el creyente cumple las instrucciones que le fueron dadas, ¿qué será capaz de hacer?

• Según estos versículos, y la información en el cuadro de aclaración, ¿quién tiene la responsabilidad de cerciorarse de que estés equipado para el combate cuerpo a cuerpo?

• ¿Dónde puedes encontrar la fuerza para estar firme?

2 Corintios 10:3-5

³ Pues aunque andamos en la carne, no luchamos según la carne.

⁴ Porque las armas de nuestra contienda no son carnales, sino poderosas en Dios para la destrucción de fortalezas;

OBSERVA

Líder: Lee en voz alta 2 Corintios 10:3-5. Pide al grupo que...

• *encierre con un círculo toda referencia a **los hermanos**; tales como **andamos**, **luchamos** y **nuestra**.*
• *marque cada referencia a la palabra **carne** con una línea diagonal como ésta:/*
• *subraye las palabras **luchamos** y **contienda**.*

DISCUTE

- ¿Qué aprendiste acerca del creyente al marcar sus referencias?

- ¿Qué aprendiste al marcar *carne*?

- ¿Qué tipo de contienda estamos luchando—física o espiritual? Explica tu respuesta basándote en el texto.

- ¿Qué significa "andamos en la carne" pero "no luchamos según la carne"?

[5] destruyendo especulaciones y todo razonamiento altivo que se levanta contra el conocimiento de Dios, y poniendo todo pensamiento en cautiverio a la obediencia de Cristo,

ACLARACIÓN

La palabra *fortalezas* en el versículo 4 hace referencia a principios arraigados que guían la vida de uno. En este contexto en particular, indica predisposiciones mentales impropias que provienen del haber adoptado y aceptado falsas enseñanzas que desarrollan una fortaleza mental de mentiras.

Especulaciones se refiere a un hombre que sólo usa su intelecto y experiencia para evaluar algo en lugar de tener en cuenta lo que Dios dice al respecto.

• De acuerdo con este pasaje, ¿dónde se lucha nuestra batalla?

• ¿Qué debemos poner en cautiverio?

• ¿En qué forma la visión del mundo sobre la promiscuidad sexual puede convertirse en una fortaleza en tu vida, en una especulación?

• ¿Qué fortalezas o especulaciones has puesto "en cautiverio a la obediencia a Cristo"?

OBSERVA

Comenzamos el estudio de esta semana con Job, quien fue descrito como alguien intachable, recto, temeroso de Dios y apartado del mal. No obstante, como la mayoría de los hombres, tuvo que luchar con pensamientos sexuales impuros. Regresemos a Job para ver lo que hizo para protegerse de las tentaciones sexuales.

Líder: Lee en voz alta Job 31:1, 7, 9-12. Pide al grupo que haga lo siguiente:
- *Encierra en un círculo cada referencia verbal a* **Job**. *Así como sus pronombres* **mi** *y* **mis**.
- *Dibuja una nube alrededor de cualquier palabra o frase que haga referencia a* **un pensamiento, deseo** *o* **acción sexual impura**.
- *Dibuja un corazón como éste♡ sobre cada mención de la palabra* **corazón**.

ACLARACIÓN

En el versículo 1, *mirar* es una traducción de la palabra hebrea que significa "observar cuidadosamente o poner mucha atención a". Indica analizar con los ojos, pensar acerca de lo que se ve y procesar la información con el propósito de dar una respuesta. Una mirada fija significa mucho más que tan sólo una mirada casual, no intencionada o inevitable.

Job 31:1, 7, 9-12

¹ "Hice un pacto con mis ojos, ¿cómo podía entonces mirar a una virgen?

⁷ Si mi paso se ha apartado del camino, *si* mi corazón se ha ido tras mis ojos, y *si* alguna mancha se ha pegado en mis manos,

⁹ Si mi corazón fue seducido por mujer, o he estado al acecho a la puerta de mi prójimo,

¹⁰ que muela para otro mi mujer, y otros se encorven sobre ella.

¹¹ Porque eso sería una terrible ofensa (infamia), y una iniquidad *castigada por* los jueces;

^{12} porque sería fuego que consume hasta el Abadón (lugar de destrucción), y arrancaría toda mi ganancia.

DISCUTE

• ¿Qué aprendiste al marcar las referencias a Job?

• ¿Qué aprendiste al dibujar una nube alrededor de las referencias a pensamientos, deseos o acciones sexuales impuras? ¿Cómo puedes aplicar cada una de estas verdades a tu propia vida?

• De acuerdo con el versículo 1, ¿qué hizo Job para librarse de codiciar a cualquier mujer que encontrara?

• ¿Tomó esta decisión antes o después de que la virgen entrará en escena?

• En el versículo 7, ¿qué conexión estableció Job entre los ojos y el corazón? ¿Por qué resultaría esto tan significativo?

• ¿Cuál es tu primera línea de defensa para evitar caer en la tentación de la inmoralidad sexual?

• De acuerdo con Job, ¿qué consecuencias podrían derivarse de tener sexo con una mujer que no es tu esposa?

FINALIZANDO

Job estaba haciendo todo bien: era intachable y recto. Temía a Dios y se apartaba del mal. Él se aferraba a su integridad aun en la tentación. Su vida era agradable para Dios. Su relación con Dios se veía muy sólida—y llega Satanás para tentarle.

¿Cómo te calificarías en circunstancias similares? ¿Tienes tú un compromiso inquebrantable con la pureza?

Peleamos contra un enemigo espiritual—el diablo. Nuestra lucha no es contra carne y sangre sino contra fuerzas espirituales. Satanás lucha contra nosotros constantemente. Él recorre la tierra buscando a quien devorar. Su deseo es que maldigamos a Dios en Su misma cara en lugar de que le alabemos por quien es Él. Satanás conducirá a sus principados, usará sus potestades y mandará sus huestes espirituales de maldad sobre nosotros sin previo aviso. Hará todo lo que pueda para cambiar nuestra forma de pensar con respecto al Dios que adoramos, y para hacernos olvidar o ignorar las instrucciones que Dios nos ha dado. Nuestra derrota espiritual es su victoria.

Él quiere debilitarte por medio de un ataque devastador de tentación y persuadirte a reconsiderar tus criterios sobre cómo vivir delante de Dios.

Él quiere hacerte muy miserable, a fin de que abandones tu confianza en Dios.

Él quiere provocar circunstancias desalentadoras para ti, de manera que te sientes en las cenizas de una vida consumida en llamas y rechaces el obedecer a Dios.

Quiere torturarte con innumerables experiencias dolorosas para provocarte a que culpes a Dios y que le des la espalda.

El odio de Satanás no conoce límites—sólo está limitado por el ilimitado poder de Dios operando a través de nosotros. Podemos estar firmes en el Señor y en la fuerza de su poder. Podemos enfrentar la batalla con las armas espirituales divinamente poderosas que Dios ha provisto para nosotros, con toda la armadura de Dios. Podemos hacer y guardar un pacto con nuestros ojos. Podemos poner en cautiverio cualquier pensamiento que se levante contra el conocimiento de Dios, cualquier razonamiento que no sea verdadero según la Palabra de Dios.

Así es como resistimos al diablo y evitamos que establezca sus fortalezas engañosas de falsedad en nuestras mentes. Así es como permanecemos firmes contra él y sus insidias.

Cuando hacemos esto, al igual que Job saldremos victoriosos en la batalla iniciada en, y por, la mente del hombre.

TERCERA SEMANA

En el estudio de la semana pasada aprendimos que estamos en una lucha contra las fuerzas espirituales de maldad.

Esta semana queremos obtener un mejor entendimiento de nuestro enemigo y de sus tácticas. ¿Cómo es él? ¿Cuáles son algunas de sus características? ¿Cómo opera? ¿Cómo pelea? ¿Cómo podemos reconocer sus trampas?

Comenzaremos observando algunos versículos que describen sus métodos, luego veremos cómo los utilizó en sus encuentros con Jesús y David.

OBSERVA

***Líder**: Lee en voz alta Apocalipsis 12:9.*

- *Pide al grupo que marque con un tridente, todas las referencias a **el gran dragón,** incluyendo cualquier sinónimo o pronombre.*

Apocalipsis 12:9

1 Y fue arrojado el gran dragón, la serpiente antigua que se llama Diablo y Satanás, el cual engaña al mundo entero. Fue arrojado a la tierra y sus ángeles fueron arrojados con él.

ACLARACIÓN

La palabra engañar, en este versículo, significa "seducir para alejarte de la verdad, provocar la caída en el error, o inducir a que alguien se forme un mal juicio".

DISCUTE

- ¿Qué aprendiste acerca del diablo? ¿Qué es lo que él hace?

• ¿En qué formas Satanás se encuentra engañando en el área sexual, tanto a hombres como a mujeres?

---

1 Samuel 7:3–6

Pero temo que, así como la serpiente con su astucia engañó a Eva, las mentes de ustedes sean desviadas de la sencillez y pureza *de la devoción* a Cristo.

OBSERVA

Líder: Lee en voz alta 2 Corintios 11:3.
• *Pide al grupo que marque con un tridente la palabra* **serpiente** *y cualquiera de sus pronombres.*

DISCUTE

• ¿Qué aprendiste acerca de la serpiente?

• ¿Qué es lo que busca conseguir la serpiente, en la vida del creyente, por medio de su engaño?

ACLARACIÓN

La palabra astucia se usa para describir cómo engaña el diablo. Él emplea cualquier método a fin de lograr su destructiva meta. Sus tácticas son seductoras, ingeniosas y sin escrúpulos.

• ¿De qué estaba preocupado Pablo que fueran desviados los Corintios?

• ¿Cuáles son algunos de los métodos que usa el diablo para seducir las mentes de los hombres en el área sexual?

OBSERVA

En el siguiente versículo, Jesús está hablando a los líderes religiosos que rehusaban creer que Él es el Hijo de Dios.

Líder: Lee en voz alta Juan 8:44.
  • *Pide al grupo que marque con un tridente cada referencia al **diablo**, incluyendo sus sinónimos o pronombres.*

DISCUTE

• ¿Qué aprendes al marcar las referencias al diablo?

• ¿Cuál ha sido su manera de ser desde el principio? ¿Cómo cumple sus propósitos?

> **Juan 8:44**
>
> "Ustedes son de su padre el diablo y quieren hacer los deseos de su padre. El fue un asesino desde el principio, y no se ha mantenido en la verdad porque no hay verdad en él. Cuando habla mentira, habla de su propia naturaleza, porque es mentiroso y el padre de la mentira.

- Con respecto a la sexualidad, ¿cuáles son algunas de las mentiras del enemigo, que los hombres aceptan y creen en la actualidad?

- Los hombres no sólo son tentados con pensamientos heterosexuales impuros, sino también con pensamientos homosexuales; lo que les hace pensar... *¡A lo mejor soy un pervertido!* o *¡quizás soy homosexual!* Discute lo que esto refleja acerca del enemigo y sus tácticas.

Mateo 4:1-11

¹ Entonces Jesús fue llevado por el Espíritu (Santo) al desierto para ser tentado (puesto a prueba) por el diablo.

² Después de haber ayunado cuarenta días y cuarenta noches, entonces tuvo hambre.

³ Y acercándose el tentador, Le dijo: "Si eres Hijo de Dios,

OBSERVA

Veamos ahora la forma en que Jesús respondió a uno de los ataques de engaño de Satanás.

Líder: Lee en voz alta Mateo 4:1-11. Pide al grupo que haga lo siguiente:
- *Subrayar toda referencia a **Jesús**, incluyendo sus sinónimos y pronombres.*
- *Marcar las referencias al **diablo** como antes, con un tridente, incluyendo sinónimos y pronombres.*
- *Dibujar un rectángulo alrededor de cada mención de la frase **escrito está**.*

DISCUTE

* Hablen un poco acerca de qué está sucediendo en estos versículos, dónde tuvo lugar y quién está involucrado.

* Según la primera tentación de Jesús, encontrada en los versos 2-4, ¿a qué aspecto de la carne recurre el diablo? (Observa la relación entre la tentación y la condición de Jesús en el versículo 2.)

* ¿Alguna vez has decidido satisfacer tu apetito sexual de una manera contraria a la Palabra de Dios?

* Según la segunda tentación, encontrada en los versículos 5-7, el diablo tentaba a Jesús ¿para que hiciera qué? ¿Qué explicación le dio?

* En el versículo 7, ¿cómo respondió Jesús cuando el diablo citó una de las promesas de Dios?

ordena que estas piedras se conviertan en pan."

⁴ Pero Jesús le respondió: "Escrito está: 'No solo de pan vivira el hombre, sino de toda palabra que sale de la boca de Dios.' "

⁵ Entonces el diablo Lo llevó a la ciudad santa, y Lo puso sobre el pináculo del templo,

⁶ y Le dijo: "Si eres Hijo de Dios, lánzate abajo, pues escrito está:
'A Sus angeles Te encomendara,' Y:
'En las manos Te llevaran, no sea que Tu pie tropiece en piedra.' "

⁷ Jesús le contestó: "También está escrito: 'No tentaras (No pondras a prueba) al Señor tu Dios.' "

8 Otra vez el diablo Lo llevó a un monte muy alto, y Le mostró todos los reinos del mundo y la gloria de ellos,

9 y Le dijo: "Todo esto Te daré, si Te postras y me adoras."

10 Entonces Jesús le dijo: "¡Vete, Satanás! Porque escrito está: 'AL SEÑOR TU DIOS ADORARAS, Y SOLO A EL SERVIRAS (rendirás culto).' "

11 El diablo entonces Lo dejó; y al instante, unos ángeles vinieron y Le servían.

• ¿Alguna vez has pecado intencionalmente, planeando de antemano aprovecharte de las promesas de Dios sobre el perdón, al mismo tiempo que decidiste ignorar todos los versículos que te mandan andar por el Espíritu y abstenerte de las pasiones carnales?

• ¿Sería esto "tentar al Señor tu Dios"? Explica tu respuesta.

• Discute la tercera tentación en los versos 8-10. ¿Qué le estaba ofreciendo el diablo a Jesús?

• Jesús vino a la tierra a morir por los pecados del hombre, luego resucitó de entre los muertos y ascendió al cielo, y regresará un día para gobernar el mundo. Si Jesús hubiera aceptado el ofrecimiento del diablo, ¿qué hubiera evitado en Su vida? ¿Cuál hubiera sido el costo de haberlo hecho?

• ¿Alguna vez has sido tentado a romper las leyes de Dios en cuanto al sexo y el matrimonio, debido a que deseaste la satisfacción inmediata que el mundo ofrece? Si hubieras cedido a la tentación, ¿a quién habrías adorado?

• Observa cada lugar en que marcaste *escrito está*. Discute cómo manejó Jesús cada tentación y cómo podrías seguir Su ejemplo.

• Cuando el diablo te tiente con un pensamiento que es contrario a la Palabra de Dios, ¿cómo deberías responder?

OBSERVA

Un conocimiento íntimo de la Palabra de Dios es un arma crucial en nuestra batalla contra el enemigo. También resulta de mucha ayuda el entender el plan de ataque de Satanás; el que está revelado en el siguiente pasaje.

Líder: Lee Santiago 1:13—15. Pide al grupo que...
  • *subraye cada referencia al ser **humano**, incluyendo las frases **nadie, cada uno, soy, su** y referencias verbales.*
  • *marque toda referencia a las palabras **tentado y tienta** con esta marca:* ✓

Santiago 1:13-15

[13] Que nadie diga cuando es tentado: "Soy tentado por Dios." Porque Dios no puede ser tentado por el mal y El mismo no tienta a nadie.

[14] Sino que cada uno es tentado cuando es llevado y seducido por su propia pasión.

[15] Después, cuando la pasión ha concebido, da a luz el pecado; y cuando el pecado es consumado, engendra la muerte.

DISCUTE

• ¿Qué aprendiste al subrayar las referencias al ser humano?

• ¿Qué aprendiste al marcar las referencias a la tentación?

OBSERVA

Líder: Lee de nuevo Santiago 1:13—15. Esta vez pide al grupo que...

• *marque cada mención de la palabra **pecado** con una **P** mayúscula.*

• *dibuje una nube alrededor de cada referencia a la palabra **pasión**.*

ACLARACIÓN

La palabra *seducido*, encontrada en el versículo 14, es un término usado en la pesca y en la cacería. Se usa para describir la forma en que se atrae con engaños a un pez u otro animal; sacándolo de su escondite y conduciéndolo a una trampa.

DISCUTE

• De acuerdo con este pasaje, ¿es pecado ser tentado? Explica tu respuesta.

• ¿Qué pasos llevan al pecado?

• ¿Cuál es el resultado final del pecado?

• ¿Cuáles son algunas "muertes" que podrían venir a la vida de un hombre si cede a su pasión?

OBSERVA

El diablo presenta sus mentiras y engaños de formas muy atractivas, seduciendo ingenuamente a su presa para que analice la tentación y la considere correcta y justificable. Él espera que el deseo de tomar la apetitosa carnada sea irresistible. Él susurra, "Hazlo, es correcto, no te preocupes".

Veamos cómo usó el enemigo esta táctica en la vida del Rey David.

2 Samuel 11:1-5

¹ Aconteció que en la primavera, en el tiempo cuando los reyes salen a la batalla, David envió a Joab y con él a sus siervos y a todo Israel, y destruyeron a los Amonitas y sitiaron a Rabá. Pero David permaneció en Jerusalén.

² Al atardecer David se levantó de su lecho y se paseaba por el terrado de la casa del rey, y desde el terrado vio a una mujer que se estaba bañando; y la mujer era de aspecto muy hermoso.

³ David mandó a preguntar acerca de aquella mujer. Y alguien dijo: "¿No es ésta Betsabé, hija de Eliam, mujer de Urías el Hitita?"

Líder: Lee en voz alta 2 Samuel 11:1-5. Pide al grupo que...
- *subraye toda referencia a **David**, incluyendo sus pronombres.*
- *encierre en un círculo toda referencia a **Betsabé**, incluyendo la **mujer** y cualquier pronombre relacionado con ella.*

ACLARACIÓN

La palabra hebrea, traducida vio en el versículo 2, no indica una mirada casual. Significa "mirar algo fijamente, inspeccionar, examinar".

DISCUTE
- Describe la progresión de los sucesos en este incidente en la vida de David.

- ¿Qué opciones tenía David cuando vio por primera vez a Betsabé? ¿Qué acciones pudo realizar, que lo hubieran alejado de la tentación?

• ¿Qué opciones tienes tú cuando ves a una mujer hermosa, que no es tu esposa, con poca ropa o con ropa provocativa y ajustada?

• ¿Qué acción te alejaría de la tentación?

• De acuerdo al versículo 3, ¿tuvo David una segunda oportunidad para resistir la tentación?

• Piensa en lo que aprendimos en Santiago 1:13-15. ¿Cuál es el proceso que lleva al pecado, ilustrado en la historia de David?

4 David envió mensajeros y la tomaron; y cuando ella vino a él, él durmió con ella. Después que ella se purificó de su inmundicia, regresó a su casa.

5 Y Betsabé concibió; y envió aviso a David diciéndole: "Estoy encinta."

OBSERVA

El pasaje que analizaremos a continuación describe la escena en que Natán, el profeta, confronta a David exponiendo su pecado con Betsabé—un pecado que el rey pensó haber encubierto.

2 Samuel 12:7-14

⁷ Entonces Natán dijo a David: "Tú eres aquel hombre. Así dice el Señor, Dios de Israel: 'Yo te ungí rey sobre Israel y te libré de la mano de Saúl.

⁸ 'Yo también entregué a tu cuidado la casa de tu señor y las mujeres de tu señor, y te di la casa de Israel y de Judá; y si eso hubiera sido poco, te hubiera añadido muchas cosas como éstas.

⁹ '¿Por qué has despreciado la palabra del Señor haciendo lo malo ante Sus ojos? Has matado a espada a Urías el Hitita, has tomado su mujer para que sea mujer tuya, y a él lo has matado con la espada de los Amonitas.

Líder: Lee en voz alta 2 Samuel 12:7-14. Pide al grupo que...
- *marque toda referencia a **Dios** con un triángulo △, incluyendo el pronombre **Yo**.*
- *subraye toda referencia a **David**, incluyendo sus pronombres.*

DISCUTE
- ¿Qué aprendiste al marcar las referencias a *Dios* y *David*?

OBSERVA
Líder: Lee de nuevo estos versículos en voz alta. Esta vez pide al grupo que...
- *marque toda referencia a **pecado** y a **mal**, tal como antes, con una **P** mayúscula.*
- *dibuje una lápida como ésta, ⌂ sobre la palabra **morirás, morirá**.*

DISCUTE

• Teniendo en mente lo que aprendiste en Santiago 1:13-15, ¿qué vino como resultado de que David cediera a la tentación?

• De acuerdo con el versículo 9, ¿qué fue lo que despreció David cuando hizo lo malo ante los ojos de Dios?

[10] 'Ahora pues, la espada nunca se apartará de tu casa, porque Me has despreciado y has tomado la mujer de Urías el Hitita para que sea tu mujer.' "

[11] "Así dice el Señor: 'Por eso, de tu misma casa levantaré el mal contra ti; y aun tomaré tus mujeres delante de tus ojos y las daré a tu compañero, y éste se acostará con tus mujeres a plena luz del día.

[12] 'En verdad, tú lo hiciste en secreto, pero Yo haré esto delante de todo Israel y a plena luz del sol.' "

[13] Entonces David dijo a Natán: "He pecado contra el Señor." Y Natán dijo a David: "El Señor ha quitado tu pecado; no morirás.

[14] "Sin embargo, por cuanto con este hecho has dado ocasión de blasfemar a los enemigos del Señor, ciertamente morirá el niño que te ha nacido."

- Explica cómo es que esto también es cierto para cualquier creyente que escoja ceder a la tentación.

OBSERVA

Líder: Pide al grupo que lea contigo, y en voz alta, Números 32:23.

DISCUTE

- Basado en todo lo que has aprendido hasta este punto, ¿crees que un creyente se puede salir con la suya con respecto a su inmoralidad sexual? Discute tu respuesta.

- Discute algunas formas prácticas para evitar que la tentación conduzca a la pasión, luego al pecado, y finalmente a la muerte.

2 Samuel 12:7-14

Pero si no lo hacen así, miren, habrán pecado ante el Señor, y tengan por seguro que su pecado los alcanzará.

FINALIZANDO

El diablo es el principal engañador, el padre de todas las mentiras. Y es el tentador. Él seduce al creyente para que abandone su relación con Dios, por medio de la incredulidad y de la desobediencia.

La estrategia de Satanás es poner cosas atractivas delante de nuestros ojos, pensamientos atractivos en nuestras mentes y pasiones en nuestras almas, para incitarnos a seguir lo que está bien a nuestros ojos, lo que es justificable a nuestro razonamiento y agradable a nuestra carne.

Si cedemos a estas tentaciones pagaremos el precio. Ceder a los engaños del diablo nos llevará más allá de lo que pensábamos llegar, nos retendrá más de lo que pensábamos quedarnos y nos costará más de lo que hubiéremos pensado tener que pagar.

Como lo muestra con claridad la historia de David, el dolor del pecado afecta a todos los involucrados, no tan sólo al ofensor. Pregúntale de esto a cualquiera que haya despreciado la gracia y bondad de Dios para ir tras el placer momentáneo. Ellos podrán enumerarte las "muertes" que tuvieron lugar como resultado de sus elecciones.

No es inevitable que las tentaciones den como resultado el pecado. Por medio del poder del Espíritu Santo y la Palabra de Dios podemos frenar el proceso desde la tentación hasta la concepción del pecado. Como lo demostró el encuentro de Jesús con Satanás, en lugar de despreciar la Palabra de Dios podemos usarla para descubrir las mentiras del enemigo. Podemos escoger no ser arrastrados y seducidos por nuestra pasión. Podemos controlar nuestros apetitos. Y podemos tener todo lo que nos ofrece el mundo futuro, resistiendo la tentación que se basa en las cosas temporales de este mundo.

Nuestra victoria estará determinada por cómo respondemos cuando Satanás nos ataque. ¿Estás bien preparado para la batalla?

¿Por qué a veces es tan atractiva y llamativa la inmoralidad sexual? ¿Por qué los hombres son seducidos a reaccionar inadecuadamente frente a una mujer provocativa?

¿Cómo puedes mantener tus sueños puros y tus pensamientos irreprensibles cuando eres inundado día y noche con imágenes sexuales explícitas? Estas imágenes las ves en los medios de comunicación, así como las puedes encontrar en tu trabajo, o en cualquier otro sitio, mujeres vestidas de forma inapropiada.

¿Cuánto te podría costar una aventura adúltera? ¿Estás preparado para pagar el precio?

¿Qué puedes hacer para protegerte de las tentaciones de una mujer seductora?

Mientras buscamos enfocarnos en estas preguntas, veamos la sabiduría que podemos obtener del consejo de un padre a su hijo.

OBSERVA

Líder: Lee en voz alta Proverbios 5:1-14.
Pide al grupo que...
- *subraye cada referencia a **hijo(s)**, incluyendo sus pronombres.*
- *dibuje una nube* ⬭ *alrededor de cada referencia a **la extraña**, incluyendo los pronombres referentes a esta mujer inmoral.*

DISCUTE
- ¿Qué aprendiste sobre la extraña y sus métodos?

Proverbios 5:1-14

[1] Hijo mío, presta atención a mi sabiduría, inclina tu oído a mi prudencia,

[2] Para que guardes la discreción y tus labios conserven el conocimiento.

[3] Porque los labios de la extraña destilan miel, y su lengua es más suave que el aceite;

4 Pero al final es amarga como el ajenjo, aguda como espada de dos filos.

5 Sus pies descienden a la muerte, sus pasos sólo logran el Seol.

6 No considera la senda de la vida; sus senderos son inestables, y no lo sabe.

7 Ahora pues, hijos míos, escúchenme, y no se aparten de las palabras de mi boca.

8 Aleja de la extraña tu camino, y no te acerques a la puerta de su casa;

9 No sea que des tu vigor a otros y tus años al cruel;

10 No sea que se sacien los extraños de tus bienes y tu esfuerzo vaya a casa del extranjero;

- Observa cada referencia hecha al hijo y discute lo que aprendiste.

- ¿Qué instrucciones específicas, de este pasaje, te ayudarían a evitar la inmoralidad?

• ¿Cuáles son las consecuencias de no hacer caso a estas instrucciones?

[11] Y al final te lamentes, cuando tu carne y tu cuerpo se hayan consumido,

[12] Y digas: "¡Cómo he aborrecido la instrucción, y mi corazón ha despreciado la corrección!

[13] No he escuchado la voz de mis maestros, ni he inclinado mi oído a mis instructores.

[14] He estado a punto de completa ruina en medio de la asamblea y la congregación.

Proverbios 6:20-35

[20] Hijo mío, guarda el mandamiento de tu padre y no abandones la enseñanza de tu madre;

[21] Atalos de continuo en tu corazón, enlázalos a tu cuello.

[22] Cuando andes, te guiarán; cuando duermas, velarán por ti; al despertarte, hablarán contigo.

[23] Porque el mandamiento es lámpara, y la enseñanza luz, y camino de vida las represiones de la instrucción,

[24] para librarte de la mujer mala, de la lengua suave de la desconocida.

OBSERVA

Líder: Lee en voz alta Proverbios 6:20-35. Pide al grupo que...

- *subraye **hijo mío** y cualquier pronombre que se refiera a él, así como las frases **un hombre** y **el que**.*
- *dibuje una nube alrededor de cada referencia a **la mujer mala** o **la desconocida**, incluyendo cualquier sinónimo y pronombre que haga referencia a ella.*

ACLARACIÓN

La palabra heridas, en el versículo 33, es la traducción de la palabra Hebrea *nega*, que significa "golpe, sarro o enfermedad". *Nega* viene de la raíz *naga*, que significa "tocar" o "aquello que se aplica cuando algo (o alguien) hace contacto físico con otra cosa."[1]

---

[1] R. L. Harris, G. L. Archer, Jr., and B. K. Waltke, Theological Wordbook of the Old Testament (electronic ed.), (Chicago: Moody Press; 1980, 1999), 552.

DISCUTE

• ¿Cuáles son las instrucciones del padre a su hijo en este pasaje?

²⁵ No codicies su hermosura en tu corazón, ni dejes que te cautive con sus párpados.

²⁶ Porque por causa de una ramera uno es reducido a un pedazo de pan, pero la adúltera anda a la caza de la vida preciosa.

²⁷ ¿Puede un hombre poner fuego en su seno sin que arda su ropa?

• ¿Con qué se compara al adulterio, en los versículos 27-29?

²⁸ ¿O puede caminar un hombre sobre carbones encendidos sin que se quemen sus pies?

²⁹ Así es el que se llega a la mujer de su prójimo; cualquiera que la toque no quedará sin castigo.

³⁰ No se desprecia al ladrón si roba para saciarse cuando tiene hambre;

³¹ pero cuando es sorprendido, debe pagar siete veces; tiene que dar todos los bienes de su casa.

• ¿Qué aprendiste acerca de esta mujer mala, de la desconocida? ¿Cómo atrae a un hombre?

³² El que comete adulterio no tiene entendimiento; el que lo hace destruye su alma.

³³ Heridas y vergüenza hallará, y su afrenta no se borrará.

³⁴ Porque los celos enfurecen al hombre, y no perdonará en el día de la venganza.

• De acuerdo a este pasaje, ¿cuáles son las consecuencias del adulterio?

³⁵ No aceptará ningún rescate, ni se dará por satisfecho aunque *le* des muchos presentes.

OBSERVA

*Líder: Lee en voz alta Proverbios 7:1-27.
Pide al grupo que haga lo siguiente:*

- *Subrayar cada referencia a **hijo(s)**, incluyendo sus pronombres.*
- *Dibujar una nube alrededor de cada referencia a **la mujer extraña**, incluyendo cualquier pronombre o sinónimo.*
- *Empezando en el versículo 7, dibujar un rectángulo alrededor de cada referencia a el **joven**.*

DISCUTE

- ¿Qué aprendiste al marcar las referencias a la mujer extraña?

Proverbios 7:1-27

^{1} Hijo mío, guarda mis palabras y atesora mis mandamientos contigo.

^{2} Guarda mis mandamientos y vivirás, y mi enseñanza como la niña de tus ojos.

^{3} Átalos a tus dedos, escríbelos en la tabla de tu corazón.

^{4} Di a la sabiduría: "Tú eres mi hermana," y llama a la inteligencia *tu* mejor amiga,

^{5} para que te guarden de la mujer extraña, de la desconocida que lisonjea con sus palabras.

^{6} Porque desde la ventana de mi casa miraba por la celosía,

⁷ Y vi entre los simples, distinguí entre los muchachos a un joven falto de juicio,

⁸ Pasando por la calle, cerca de su esquina; iba camino de su casa,

⁹ Al atardecer, al anochecer, en medio de la noche y la oscuridad.

¹⁰ Entonces una mujer le sale al encuentro, vestida como ramera y astuta de corazón.

¹¹ Es alborotadora y rebelde, sus pies no permanecen en casa;

¹² Está ya en las calles, ya en las plazas, y acecha por todas las esquinas.

• ¿Qué hace atractiva a esta mujer?

• En los versículos 7-23, ¿qué aprendiste sobre este joven? ¿Cómo se le describe? ¿Por qué se mete en problemas?

• Describe a la mujer que él encontró. ¿Cómo lo atrajo al pecado?

¹³ Así que ella lo agarra y lo besa, y descarada le dice:

¹⁴ "Tenía que ofrecer ofrendas de paz, y hoy he cumplido mis votos;

¹⁵ Por eso he salido a encontrarte, buscando tu rostro con ansiedad, y te he hallado.

¹⁶ He tendido mi lecho con colchas, con linos de Egipto en colores.

¹⁷ He rociado mi cama con mirra, áloes y canela.

• En nuestra sociedad, ¿dónde encuentra un hombre a este tipo de mujeres?

¹⁸ Ven, embriaguémonos de amor hasta la mañana, deleitémonos con caricias.

¹⁹ Porque mi marido no está en casa, se ha ido a un largo viaje;

²⁰ Se ha llevado en la mano la bolsa del dinero, volverá a casa para la luna llena."

²¹ Con sus palabras persuasivas lo atrae, lo seduce con sus labios lisonjeros.

²² Al instante la sigue como va el buey al matadero, o como *uno en* grillos al castigo de un necio,

²³ Hasta que una flecha le traspasa el hígado; como el ave que se precipita en la trampa, y no sabe que esto le *costará* la vida.

²⁴ Ahora pues, hijos míos, escúchenme, y presten atención a las palabras de mi boca.

• De acuerdo con este pasaje, ¿Cuál es la protección de un hombre ante una mujer seductora?

- De acuerdo con los versículos 25-27, la inmoralidad ¿a dónde conducirá a un hombre?

^{25} No se desvíe
tu corazón hacia
sus caminos, no
te extravíes en sus
sendas.

^{26} Porque muchas son
las víctimas derribadas
por ella, y numerosos
los que ha matado.

^{27} Su casa es el
camino al Seol,
que desciende a las
cámaras de la muerte.

OBSERVA

Líder: *Lee en voz alta Proverbios 5:15-23. Pide al grupo que haga lo siguiente:*
- *Subrayar **hijo mío** y los pronombres **tu, ti, tus y te**. También subrayar **hombre** y los pronombres que se refieran a él en los versículos 21-23.*
- *Dibujar una nube alrededor de las palabras **extraña** y **desconocida**.*

Proverbios 5:15-23

^{15} Bebe agua de tu cisterna y agua fresca de tu pozo.

^{16} ¿Se derramarán por fuera tus manantiales, tus arroyos de aguas por las calles?

[17] Sean para ti solo, y no para los extraños contigo.

[18] Sea bendita tu fuente, y regocíjate con la mujer de tu juventud,

[19] amante cierva y graciosa gacela; que sus senos te satisfagan en todo tiempo, su amor te embriague para siempre.

[20] ¿Por qué has de embriagarte, hijo mío, con una extraña, y abrazar el seno de una desconocida?

[21] Pues los caminos del hombre están delante de los ojos del Señor, y El observa todos sus senderos.

[22] De sus propias iniquidades será presa el impío, y en los lazos de su pecado quedará atrapado.

ACLARACIÓN

En el contexto de Proverbios 5, la palabra *cisterna* se usa en sentido figurado en el versículo 15; refiriéndose a la esposa de un hombre como su pozo de agua viva. Aquí es donde un hombre encuentra su total satisfacción, saciando toda su sed sexual.

DISCUTE

• ¿A dónde se instruye al hombre a que vaya a satisfacer su sed sexual? ¿A dónde no debe ir?

• ¿Qué aprendes en los versículos 21-23 acerca de las acciones de un hombre? ¿Cuál es el resultado cuando ignora la instrucción?

• Discute en qué forma es que la pornografía actúa como los lazos del pecado, mencionados en el versículo 22.

²³ Morirá por falta de instrucción, y por su mucha necedad perecerá.

• Haciendo uso de todo lo que has aprendido en Proverbios 5-7, resume qué podemos hacer para evitar un encuentro con la extraña, cómo podemos reconocerla y cuáles serán las consecuencias si elegimos ignorar la sabiduría de estos pasajes.

FINALIZANDO

En 1 Tesalonicenses 4:1-2, un pasaje que estudiamos la semana 1, leímos las instrucciones de Pablo a los creyentes en Tesalónica respecto a cómo debían de andar y agradar a Dios—a cómo vivir una vida santa. Esta semana, en el estudio de Proverbios, hemos visto enfatizado el mismo principio: Conoce la Palabra de Dios y guarda Sus mandamientos. De acuerdo con Proverbios 7:5, conocer y seguir la Palabra de Dios nos ayudará a evadir la trampa de la extraña.

La extraña está al acecho, buscando atrapar al hombre necio. Sus palabras son como miel y sabe cómo decir lo que un hombre quiere oír. Acecha en las calles de la vida esperando a que el ingenuo llegue y sea seducido por sus encantos.

Si cedemos a los halagos de esta mujer infiel, las consecuencias serán severas:

- Darás de tu ser a extraños.
- Nuestros bienes se irán a la casa del extraño.
- Nuestra insensatez nos expondrá a las enfermedades transmitidas sexualmente.
- La falta de dominio propio traerá una adicción que esclaviza.
- Nuestro pecado no quedará sin castigo.

Hijo mío, escucha al Padre y no te apartes de las palabras de Su boca. Nuestros caminos siempre están delante de Sus ojos y Él está observando todo lo que hacemos. Guarda Sus mandamientos y vive. Mantente alejado de la extraña y no te acerques a la puerta de su casa.

Has sido instruido y sabes qué hacer. Permanece firme y sin excusas desde este día en adelante. ¿Elegirás la senda de la sabiduría o la senda de la destrucción?

Tal como lo hemos visto en las semanas anteriores, estamos peleando una feroz batalla espiritual contra un enemigo poderoso y mentiroso. Él está maquinando una batalla final para destruir nuestra relación con Dios, y la atracción de la tentación sexual es una de sus más efectivas armas de ataque.

¿Pero por qué medios podemos resistir las tácticas y tentaciones del diablo? ¿Cómo podemos tener victoria sobre las tentaciones de la inmoralidad sexual?

Exploraremos las respuestas a estas preguntas en el estudio de esta semana; observaremos el ejemplo de José, un hombre que enfrentó grandes presiones en el área de la tentación sexual.

OBSERVA

Frecuentemente, el enemigo toma ventaja cuando estamos fuera del hogar; trata de convencernos que si accedemos a la tentación "sólo por esta ocasión", jamás nadie lo sabrá. José se encontraba en una situación parecida a ésta después que sus hermanos, por envidia, lo vendieron a esclavitud. Al estar lejos del hogar, y con la idea de que a nadie le importarían sus decisiones, le habría resultado muy fácil abandonar su fe y normas de vida. Revisemos los acontecimientos en Génesis 39.

Líder: Lee en voz alta Génesis 39:1-6. Pide al grupo que haga lo siguiente:

Génesis 39:1-6

[1] Cuando José fue llevado a Egipto, Potifar, un oficial Egipcio de Faraón, capitán de la guardia, lo compró a los Ismaelitas que lo habían llevado allá.

[2] Pero el SEÑOR estaba con José, que llegó a ser un hombre próspero, y vivía en la casa de su amo el Egipcio.

³ Vio su amo que el Señor estaba con él y que el Señor hacía prosperar en su mano todo lo que él hacía.

⁴ Así José halló gracia ante sus ojos y llegó a ser su siervo personal, lo hizo mayordomo sobre su casa y entregó en su mano todo lo que poseía.

⁵ Y sucedió que desde el tiempo que lo hizo mayordomo sobre su casa y sobre todo lo que poseía, el Señor bendijo la casa del Egipcio por causa de José. La bendición del Señor estaba sobre todo lo que poseía en la casa y en el campo.

- *Encerrar cada referencia a **José**, con un círculo; incluyendo sus pronombres.*
- *Colocar una **Pt** sobre cada referencia a **Potifar**.*
- *Dibujar un rectángulo alrededor de cada mención de las frases el **Señor estaba con José**, o **con él**.*

DISCUTE
- ¿Qué aprendes sobre Potifar y José?

- ¿Cómo describirías la relación de José con Dios?

• ¿Qué descripción se da de la apariencia física de José?

6 Así que todo lo que poseía lo dejó en mano de José, y con él *allí* no se preocupaba de nada, excepto del pan que comía. Y era José de gallarda figura y de hermoso parecer.

OBSERVA

Líder: Lee en voz alta Génesis 39:7-10. Pide al grupo que...
- *encierre en un círculo toda referencia a **José**.*
- *ponga una **E** sobre cada referencia a **la mujer de su amo (Potifar)**, incluyendo sus pronombres.*
- *dibuje una nube⟨ ⟩alrededor de la frase **acuéstate conmigo**.*

DISCUTE
• ¿Qué le propuso la esposa de Potifar a José?

Génesis 39:7-10

7 Sucedió después de estas cosas que la mujer de su amo miró a José con deseo y *le* dijo: "Acuéstate conmigo."

8 Pero él rehusó y dijo a la mujer de su amo: "Estando yo aquí, mi amo no se preocupa de nada en la casa, y ha puesto en mi mano todo lo que posee.

9 "No hay nadie más grande que yo en esta casa,

y nada me ha rehusado excepto a usted, pues es su mujer. ¿Cómo entonces podría yo hacer esta gran maldad y pecar contra Dios?"

[10] Y ella insistía a José día tras día, pero él no accedió a acostarse con ella o a estar con ella.

• De acuerdo al texto, ¿qué hizo ella justo antes de hacer su propuesta?

• ¿Cómo respondió José a su invitación? ¿Qué razones le dio? Asegúrate de observarlas todas.

• ¿Aceptó ella la respuesta de José, y se olvidó de este asunto? ¿Qué revela esto sobre la persistencia del enemigo?

• ¿Te has encontrado con la misma tentación día tras día? ¿Qué efecto tuvo esto en ti?

• ¿Nos da la Escritura algún indicio de que José hubiere hecho algo para propiciar esta situación con la esposa de Potifar?

• ¿Alguna vez, mientras disfrutabas de un buen tiempo espiritual en tu vida, has sido tentado con la impureza sexual?

• Comparte con el grupo algún ejemplo de cómo en tu lugar de trabajo se te han presentado tentaciones similares.

• En este pasaje, ¿qué lecciones sobre la tentación has aprendido?

• Del versículo 10, ¿qué principio se puede obtener de la vida de José, que nos sea de ayuda para resistir las tentaciones sexuales?

OBSERVA

Líder: Lee en voz alta Génesis 39:11—16. Nuevamente, pide al grupo que...

• *encierre en un círculo toda referencia a José.*
• *ponga una **E** sobre cada referencia a la esposa de Potifar.*
• *dibuje una nube alrededor de la frase acuéstate conmigo.*

DISCUTE

• ¿Qué estaba haciendo José ese día en particular?

• Aquel día, ¿qué parece estar diferente dentro de la casa?

Génesis 39:11-16

[11] Pero un día que él entró en casa para hacer su trabajo, y no había ninguno de los hombres de la casa allí dentro,

[12] entonces ella tomó a José de la ropa, y le dijo: "¡Acuéstate conmigo!" Pero él le dejó su ropa en la mano, y salió huyendo afuera.

[13] Cuando ella vio que él había dejado su ropa en sus manos y había huido afuera,

¹⁴ llamó a los hombres de su casa y les dijo: "Miren, *Potifar* nos ha traído un Hebreo para que se burle de nosotros; vino a mí para acostarse conmigo, pero yo grité a gran voz.

¹⁵ "Cuando él oyó que yo alzaba la voz y gritaba, dejó su ropa junto a mí y salió huyendo afuera."

¹⁶ Ella dejó junto a sí la ropa de José hasta que su señor vino a casa.

• En caso de que hubiera podido hacer algo, ¿qué habría hecho José para evitar la trampa que le había sido puesta? Explica tu respuesta.

• ¿Qué hizo la esposa de Potifar? ¿Crees que José esperaba que sucediera eso?

• ¿Qué muestra esto sobre las tentaciones?

• ¿Cómo reaccionó José al asedio de la Sra. Potifar?

• ¿En qué difiere esta reacción de sus primeros encuentros con ella? ¿Hubiera servido de algo responder de la misma manera que lo hizo anteriormente? ¿Por qué si o por qué no?

• ¿Piensas que José había determinado con anticipación cómo respondería ante una situación así? Explica tu respuesta.

• ¿Qué lecciones podemos obtener del ejemplo de José, que nos puedan ayudar a evitar un encuentro sexual inapropiado?

• ¿Qué decisiones debes tomar hoy, antes que tengas que enfrentar una tentación repentina?

OBSERVA

Líder: Lee en voz alta Génesis 39:17-23.
Pide al grupo que...

- *siga marcando todas las referencias a José, Potifar y a la mujer de Potifar.*
- *dibuje un rectángulo alrededor de toda mención de la frase el Señor estaba con José o con él.*

DISCUTE

- ¿Qué hizo Potifar cuando escuchó la historia de su esposa?

- ¿Había hecho José algo malo?

- Evitar con éxito la tentación sexual no siempre trae buenas consecuencias. Discute algunas de las consecuencias negativas que sufrió José por sus decisiones.

- ¿Qué consecuencias podrías enfrentar tú o algún miembro del grupo, si se encontraran en alguna situación similar?

Génesis 39:17-23

¹⁷ Entonces ella le habló con estas palabras: "Vino a mí el esclavo Hebreo que nos trajiste, para burlarse de mí.

¹⁸ "Y cuando levanté la voz y grité, él dejó su ropa junto a mí y huyó afuera."

¹⁹ Cuando su señor escuchó las palabras que su mujer le dijo: "Esto es lo que tu esclavo me hizo," se encendió su ira.

²⁰ Entonces el amo de José lo tomó y lo echó en la cárcel, *en* el lugar donde se encerraba a los presos del rey. Allí permaneció en la cárcel.

²¹ Pero el SEÑOR estaba con José, le extendió *su* misericordia y le concedió gracia ante los ojos del jefe de la cárcel.

²² El jefe de la cárcel confió en mano de José a todos los presos que estaban en la cárcel, y de todo lo que allí se hacía él era responsable.

²³ El jefe de la cárcel no supervisaba nada que estuviera bajo la responsabilidad de José, porque el SEÑOR estaba con él, y todo lo que él emprendía, el SEÑOR lo hacía prosperar.

• ¿Sabes de alguien que haya sido falsamente acusado de conducta sexual indebida? ¿Qué sucedió?

• Describe cómo era la relación de José con el Señor, luego de haber sido sentenciado a un castigo injusto.

• ¿Qué aliciente te da esto con respecto al decidir con anticipación cómo responder a la tentación sexual?

OBSERVA

Líder: Lee en voz alta 1 Corintios 10:13.
Pide al grupo que diga en voz alta y...
- *marque toda mención de las palabras **tentados** y **tentación** con esta marca:* ✓
- *marque las palabras **Dios** y **no permitirá** con un triángulo:* △

ACLARACIÓN

La palabra *sobrevenido* en este contexto ilustra una emoción o deseo que repentinamente trata de apoderarse de la mente, voluntad y emociones de una persona para desviarlo del camino.

DISCUTE

- ¿Qué aprendiste de las tentaciones y del ser tentado?

- ¿Cómo describe a Dios este versículo? ¿Qué aprendes acerca de Su papel en la tentación?

• ¿Qué verdades aprendiste en este versículo que te ayuden a mantenerte firme la próxima vez que enfrentes una tentación?

Job 31:1, 7-8

¹ "Hice un pacto con mis ojos, ¿cómo podía entonces mirar a una virgen?

⁷ Si mi paso se ha apartado del camino, si mi corazón se ha ido tras mis ojos, y si alguna mancha se ha pegado en mis manos,

⁸ que yo siembre y otro coma, y sean arrancadas mis cosechas.

OBSERVA

De acuerdo al estudio de la semana pasada, el camino de David que le condujo al pecado comenzó cuando él miró a Betsabé y vio que era hermosa. También observamos que la esposa de Potifar miró con deseo a José justo antes de que intentara seducirlo. Job nos muestra la relación entre los ojos y la tentación sexual, en el siguiente pasaje.

Líder: Lee en voz alta Job 31:1, 7-8. Pide al grupo que...
  • *encierre en un círculo toda referencia verbal a **Job** y a sus pronombres **yo** y **mi**.*
  • *dibuje un corazón como éste ♡ sobre la palabra **corazón**.*

ACLARACIÓN

Acuérdate del significado de la palabra *mirar* que vimos en la segunda semana. Es una traducción de la palabra hebrea que significa "observar cuidadosamente o poner mucha atención a". Indica analizar con los ojos, pensar acerca de lo que se ve y procesar la información con el propósito de efectuar una acción. Una mirada fija es mucho más que una simple mirada casual, no intencional o inevitable.

DISCUTE

• ¿Qué hizo Job para evitar codiciar otra mujer?

• Además de la tentación, ¿qué más relaciona Job con los ojos?

Mateo 5:27-28

27 "Ustedes han oído que se dijo: 'No COMETERAS ADULTERIO.'

28 "Pero Yo les digo que todo el que mire a una mujer para codiciarla ya cometió adulterio con ella en su corazón.

OBSERVA

Job estaba consciente que los ojos son la puerta al corazón y la mente, y Jesús confirmó esta misma verdad.

Líder: Lee en voz alta Mateo 5:27-28. Pide al grupo que...
- *dibuje una nube alrededor de cada referencia a **adulterio**.*
- *subraye las palabras **mire** y **codiciarla**.*
- *dibuje un corazón sobre la palabra **corazón**.*

DISCUTE

- De acuerdo a estos versículos, ¿qué acción es la que constituye el adulterio? ¿Cómo sucede y dónde tiene lugar?

ACLARACIÓN

La frase para *codiciarla* y la palabra *mire*, en el versículo 28, indican una continua y prolongada imaginación de fantasías sexuales con una mujer. Se refieren a mucho más que una breve y simple mirada.

- A la luz de la explicación del cuadro de aclaración anterior, discute el principio que Jesús está enseñando.

- ¿Dónde comienza el pecado de adulterio?

- ¿La codicia se limita a una persona u objeto dentro de tu alcance visual, o incluye mirar algo en la pantalla de tu mente, enfocándolo con tus pensamientos? Explica tu respuesta.

OBSERVA

Líder: Lee en voz alta Proverbios 23:7a y 4:23. Pide al grupo que...
- *encierre en un círculo las palabras* **piensa** *y* **así es.**
- *marque con un corazón las palabras* **dentro, corazón y él.**

DISCUTE

- ¿Cuál es la relación entre lo que un hombre piensa y lo que él es y hace?

Proverbios 23:7a

Pues como piensa dentro de sí, así es él.

Proverbios 4:23

Con toda diligencia guarda tu corazón, porque de él *brotan* los manantiales de la vida.

Proverbios 23:7a

21 "Porque de adentro, del corazón de los hombres, salen los malos pensamientos, fornicaciones, robos, homicidios, adulterios,

22 avaricias, maldades, engaños, sensualidad, envidia, calumnia, orgullo e insensatez.

23 "Todas estas maldades de adentro salen, y contaminan al hombre."

OBSERVA

Líder: Lee en voz alta Marcos 7:21-23.
  • *Pide al grupo que dibuje una nube alrededor de cada **pecado sexual** que esté incluido en la lista.*

DISCUTE

• De acuerdo a este pasaje, ¿dónde comienza el adulterio y la fornicación?

• ¿Qué muestra esto sobre la necesidad de guardar el corazón y mantener tus pensamientos bajo control?

• ¿Cómo se aplica este principio de guardar tu corazón a los programas de televisión que ves?, ¿las películas?, ¿las revistas que lees?, ¿los sitios de Internet que visitas?, ¿pornografía de cualquier forma? ¿Qué pautas debes seguir cuando una mujer que no es tu esposa cruza tu campo visual?

Líder: Dirige a los miembros de tu grupo en una oración de compromiso con Dios, haciendo un pacto con sus ojos de no mirar a otras mujeres y no tener pensamientos sexuales impuros sobre ellas.

FINALIZANDO

Dios quería que los demás supieran que José era favorecido por Él, de manera que todo prosperaba bajo la administración de este joven. José sabía cómo cuidar de las cosas que Dios le había encomendado y reconoció el peligro de tocar aquellas cosas que Dios había encomendado a otros. Él resistió las peticiones apasionadas de una mujer infiel, incluso sus sutiles peticiones de "sólo estemos juntos y hablemos", ya que él sabía que el pecado sexual es una gran maldad contra Dios.

Reconociendo el peligro, José había decidido resistir a la esposa de Potifar en cada encuentro. La única ocasión que se encontró desprevenido fue cuando el entró a la casa para hacer su trabajo, y no había ninguno de los hombres de la casa. ¡Ella quería hacerlo caer en la trampa! Momentos aislados como ése no son coincidencias; son un truco del enemigo para atraparnos.

José huyo de su agresora, pero no sin un costo. Su fidelidad a Dios y a Potifar trajo como resultado el encarcelamiento por un crimen que no cometió. No obstante, aunque hacer lo correcto le provocó un castigo injusto, él no entró solo a aquella prisión. La Biblia declara, "El Señor estaba con él".

Job es otro ejemplo de un hombre comprometido a seguir las normas de Dios. Él no miraría a una mujer ya que había hecho un pacto con sus ojos. Él sabía que los ojos son las puertas a la mente y que el corazón seguiría a sus ojos. Reconocía que si veía algo deseable, si lo consideraba bueno, y si pensaba lo suficiente en ello, indudablemente pronto se encontraría imaginando la forma de conseguirlo. También sabía que eso estaría mal delante de los ojos de Dios.

Tal como lo demuestran los ejemplos de Job y José, es posible controlar tus pensamientos, deseos y pasiones. Puedes resistir la tentación por medio del poder de Dios, Quien no nos deja solos cuando enfrentamos a nuestros enemigos. Con cada tentación Él provee la vía de escape para que podamos resistir y salir victoriosos. ¡Él quiere que otros sepan que somos de Él, y ese mensaje no sólo es transmitido a través de lo que Él hace por nosotros, sino también por la forma en que enfrentamos las tentaciones puestas delante de nosotros!

Hemos aprendido en nuestro estudio, que resistir la tentación sexual implica guardar nuestros ojos en pureza y llevar cautivos nuestros pensamientos a la obediencia a Cristo. Los ejemplos de Job y José nos muestran que es posible vivir una vida santa y abstenerse de actos de inmoralidad sexual, tanto físicos como mentales.

En esta última semana de estudio exploraremos la provisión de Dios para nuestra victoria sobre las tentaciones sexuales, y discutiremos algunas acciones específicas que nos ayudarán a mantener puros e irreprochables nuestros pensamientos, deseos y pasiones delante de Dios.

OBSERVA

La ciudad de Corinto era conocida por su inmoralidad; de hecho, el verbo Griego que puede traducirse como *corintiar* significa "practicar inmoralidad sexual". Mantén esto en mente mientras lees el siguiente pasaje de la carta de Pablo a la iglesia de Corinto.

Líder: Lee en voz alta 1 Corintios 6:9-11. Pide al grupo que...
- *encierren en un círculo toda referencia verbal a los **destinatarios** y los pronombres **ustedes, se**.*
- *subrayen la frase **no se dejen engañar.***

1 Corintios 6:9-11

9 ¿O no saben que los injustos no heredarán el reino de Dios? No se dejen engañar: ni los inmorales, ni los idólatras, ni los adúlteros, ni los afeminados, ni los homosexuales,

10 ni los ladrones, ni los avaros, ni los borrachos, ni los difamadores, ni los estafadores heredarán el reino de Dios.

[11] Y esto eran algunos de ustedes; pero fueron lavados, pero fueron santificados, pero fueron justificados en el nombre del Señor Jesucristo y en el Espíritu de nuestro Dios.

ACLARACIÓN

Las siguientes definiciones explican algunos de los términos usados en este pasaje que pueden ser poco familiares para ti.

Inmorales—aquellos que se deleitan en la inmoralidad sexual.

Idólatras—aquellos que adoran dioses falsos.

Adúlteros—aquellas personas casadas que se involucran en actos sexuales con otras personas que no son sus parejas.

Afeminados—afeminado por perversión. Deuteronomio 22:5 declara, "ni el hombre se pondrá ropa de mujer; porque cualquiera que hace esto es abominación al Señor tu Dios."

Homosexuales—aquellos hombres que se deleitan en actos sexuales con otros varones.

Ladrones—aquellos que toman lo que pertenece a otros.

Avaros—aquellos que desean lo que otros tienen.

(continúa en la página 83)

(continúa de la página 82)

Borrachos—aquellos que abusan del vino y que frecuentemente están intoxicados por el alcohol.

Difamadores—aquellos que calumnian a otros con la intención de destruir.

Estafadores—aquellos que toman desleal ventaja de otros buscando su propia ganancia.

DISCUTE

• ¿Acerca de qué engaño advierte Pablo a sus lectores?

• De acuerdo con los versículos 9 y 10, ¿cuál es el estilo de vida, o la manera de ser, de aquellos que no heredarán el reino de Dios?

ACLARACIÓN

Pablo describió lo que les había sucedido a los Corintios que se convirtieron en creyentes:

Ellos fueron *lavados* por medio de la experiencia del nuevo nacimiento; purificados de su antiguo estilo de vida.

Fueron *santificados* por medio del Espíritu Santo que vino a morar en ellos, apartándolos de la sociedad impía en la que vivían, a fin de ser consagrados a Dios para cumplir Sus propósitos. Esto produce un comportamiento de obediencia y santidad, manifestado y demostrado en una vida transformada.

Ellos fueron *justificados*, declarados justos delante de Dios y absueltos de todo cargo contra ellos, por su fe en Jesucristo como su Salvador.

- ¿Qué aprendiste sobre el antiguo estilo de vida de algunos de los creyentes de Corinto?

- ¿Qué cambios habían tenido lugar en sus vidas, y cuál fue la consecuencia de esos cambios?

OBSERVA

Líder: Lee 2 Corintios 5:17.

• *Pide al grupo que encierre en un círculo las palabras **alguno** y **nueva criatura es**.*

DISCUTE

• ¿Dónde se encuentra esta persona con respecto a Cristo?

• ¿En qué convierte eso a esta persona?

• ¿Qué cosas vienen junto a esta transformación?

• ¿Cómo se compara esto con lo que acabas de aprender en 1 Corintios 6:9-11?

> **2 Corintios 5:17**
>
> De modo que si alguno está en Cristo, nueva criatura (nueva creación) es; las cosas viejas pasaron, ahora han sido hechas nuevas.

ACLARACIÓN

La frase *nueva criatura* significa que cualitativamente somos una nueva creación. En otras palabras, tenemos nuevas cualidades. Ahora tenemos el Espíritu Santo de Dios habitando dentro de nosotros para dirigirnos, guiarnos, enseñarnos y capacitarnos para hacer Su voluntad.

2 Corintios 13:5

Pónganse a prueba *para ver* si están en la fe. Examínense a sí mismos. ¿O no se reconocen a ustedes mismos de que Jesucristo está en ustedes, a menos de que en verdad no pasen la prueba?

OBSERVA

Los versículos que acabamos de ver muestran que la provisión que Dios ha hecho para la victoria del creyente sobre la tentación sexual es estar en Cristo—ser lavado, santificado y justificado. Somos nuevas criaturas con nuevas cualidades. Pero, ¿cómo puedes estar seguro de que esto es verdad en tu vida?

Líder: Lee en voz alta 2 Corintios 13:5.
- *Pide al grupo que encierre en un círculo toda referencia verbal a los destinatarios y toda mención de se y ustedes.*

DISCUTE
- Observa cada sitio donde marcaste estas referencias. ¿Qué aprendes en cada una de ellas?

- Ahora, hagamos lo que dice este versículo. Pongámonos a prueba para ver si estamos en la fe.

Líder: Dirige a tu grupo en un tiempo de oración pidiendo a cada uno que se examine a sí mismo para ver si está en la fe; si Jesucristo está en él.

Tu oración puede ser similar a ésta:

Padre, estamos haciendo una pausa
en nuestro tiempo de estudio para
ser obedientes a la verdad que
hemos aprendido en Tu Palabra;
deseamos examinarnos para ver si
estamos en la fe.
Te pido que a través de Tu
Espíritu Santo me muestres la
verdad sobre mi relación contigo.
¿Cristo está en mi vida o no?
¿He sido lavado, santificado y
justificado? ¿He nacido de nuevo?
¿Soy una nueva criatura ante Ti?
o ¿las características de los impíos
describen mi actual forma de vida?

Haz una pausa para que permitas que el
Espíritu Santo declare a tu espíritu si eres
o no un hijo de Dios. Si Dios te muestra
que no estás en la fe, entonces haz la
siguiente oración:

Dios, quiero recibir por fe a
Jesucristo en mi vida. Creo que
Jesús murió en la cruz

por mí para que pueda ser perdonado de mis pecados. Confieso mis pecados y deseo arrepentirme de mis caminos pecaminosos. Te pido que me perdones, me purifiques y vengas a mi corazón.

Si Dios te muestra que estás en la fe, entonces dale gracias que ya eres salvo, lavado, santificado y justificado. Regocíjate en el conocimiento de que eres una nueva criatura, de que estás en Cristo, ¡de que tienes vida eterna!

Efesios 5:3-13

³ Pero que la inmoralidad, y toda impureza o avaricia, ni siquiera se mencionen entre ustedes, como corresponde a los santos.

⁴ Tampoco haya obscenidades, ni necedades, ni groserías, que no

OBSERVA

Ahora veamos algunas formas específicas en las que Dios instruye a Sus hijos para tratar con las tentaciones.

Líder: Lee en voz alta Efesios 5:3-13 y pide al grupo que...
- *dibujen una nube* ⌣⌣⌣ *alrededor de cada referencia a* **inmoralidad**.
- *subrayen todo* **mandamiento** *o* **instrucción**.

ACLARACIÓN

Un *santo* es un creyente santificado—puro, santo e irreprensible de corazón y vida. La palabra *santo* viene de la raíz Griega que significa "apartado, consagrado a Dios".

DISCUTE

• ¿Qué aprendiste al marcar inmoralidad?

• ¿Cuáles son los mandamientos e instrucciones que se encuentran en este pasaje? ¿Qué nos está diciendo Dios que debemos o no debemos hacer como hombres?

son apropiadas, sino más bien acciones de gracias.

5 Porque con certeza ustedes saben esto: que ningún inmoral, impuro, o avaro, que es idólatra, tiene herencia en el reino de Cristo y de Dios.

6 Que nadie los engañe con palabras vanas, pues por causa de estas cosas la ira de Dios viene sobre los hijos de desobediencia.

7 Por tanto, no sean partícipes con ellos;

8 porque antes ustedes eran tinieblas, pero ahora son luz en el Señor; anden como hijos de luz.

9 Porque el fruto de la luz *consiste* en toda bondad, justicia y verdad.

[10] Examinen qué es lo que agrada al Señor,

[11] y no participen en las obras estériles de las tinieblas, sino más bien, desenmascárenlas (repróchenlas).

[12] Porque es vergonzoso aun hablar de las cosas que ellos hacen en secreto.

[13] Pero todas las cosas se hacen visibles cuando son expuestas por la luz, pues todo lo que se hace visible es luz.

• De acuerdo a los versículos 5 y 6, ¿qué quiere Dios que sepamos para que no seamos engañados?

• De acuerdo con este pasaje y con lo que leíste en 2 Corintios, si la inmoralidad es tu estilo de vida rutinario, ¿qué te sucederá?

• ¿Qué similitudes encuentras entre Efesios 5:5-6 y 1 Corintios 6:9-11?

Proverbios 28:13

El que encubre sus pecados no prosperará, pero el que *los* confiesa y *los* abandona hallará misericordia.

OBSERVA

Si has cometido algún tipo de inmoralidad sexual, ¿qué deberías hacer?

Líder: Lee en voz alta Proverbios 28:13.
  • *Pide al grupo que encierre en un círculo cada referencia a **el** y **sus**.*

DISCUTE

• ¿Qué aprendiste al marcar *el* y *sus* en este versículo?

• ¿Qué debes hacer si eres culpable de una transgresión? ¿Cómo responderá Dios?

ACLARACIÓN

El "Covenant Eyes Internet Accountability" (Pacto de responsabilidad mutua—qué ven los ojos en Internet) es un programa que remueve la confidencialidad del uso del Internet. Tú escoges compañeros quienes recibirán la notificación de cada sitio de la red que visites. No es un filtro. Más bien, provee una responsabilidad mutua directa; no puede ser borrado o evadido, es confiable, económico y fácil de usar. Vía correo electrónico puedes inscribirte y descargar este programa del servicio en Internet. Para más información visita:
www.covenanteyes.com

1 Juan 1:9

Si confesamos nuestros pecados, El es fiel y justo para perdonarnos los pecados y para limpiarnos de toda maldad (iniquidad).

OBSERVA

Líder: *Lee en voz alta 1 Juan 1:9. Pide al grupo que haga lo siguiente:*
- *Subrayar toda referencia verbal a **nosotros** y el pronombre **nuestros**.*
- *Marca **Él**, el cual se refiere a Dios, con un triángulo:* △

ACLARACIÓN

La palabra *confesar* describe la acción de nombrar específicamente tu pecado y de llamarlo tal como es. En otras palabras, la confesión implica decir lo mismo que Dios dice respecto de tu pecado.

DISCUTE
- ¿Qué aprendes al marcar toda referencia verbal a *nosotros* y el pronombre *nuestro*?

- ¿Qué aprendiste al marcar la referencia a Dios? ¿Qué hace Él por nosotros?

OBSERVA

Líder: Lee en voz alta Gálatas 5:16-25.
Pide al grupo que:
- *Dibuje un rectángulo alrededor de cada referencia al **Espíritu**.*
- *Encierra en un círculo los pronombres y verbos que hagan referencia a **los creyentes**.*
- *Marca toda referencia a **la carne** con una línea como ésta:/*

DISCUTE

- ¿Qué aprendes al marcar las referencias a los creyentes en los versículos 16-18?

- De acuerdo a los versículos 16-18, ¿cuáles son las dos partes que se oponen en la vida del creyente?

Gálatas 5:16-25

[16] Digo, pues: anden por el Espíritu, y no cumplirán el deseo de la carne.

[17] Porque el deseo de la carne es contra el Espíritu, y el *del* Espíritu *es* contra la carne, pues éstos se oponen el uno al otro, de manera que ustedes no pueden hacer lo que deseen.

[18] Pero si son guiados por el Espíritu, no están bajo la Ley.

[19] Ahora bien, las obras de la carne son evidentes, las cuales son: inmoralidad, impureza, sensualidad,

[20] idolatría, hechicería, enemistades, pleitos, celos, enojos, rivalidades, disensiones, herejías,

21 envidias, borracheras, orgías y cosas semejantes, contra las cuales les advierto, como ya se lo he dicho antes, que los que practican tales cosas no heredarán el reino de Dios.

22 Pero el fruto del Espíritu es amor, gozo, paz, paciencia, benignidad, bondad, fidelidad,

23 mansedumbre, dominio propio; contra tales cosas no hay ley.

24 Pues los que son de Cristo Jesús han crucificado la carne con sus pasiones y deseos.

25 Si vivimos por el Espíritu, andemos también por el Espíritu.

• ¿Qué aprendiste al marcar carne y creyentes en los versos 19-21?

• De acuerdo con los versículos 22-23, ¿cómo sabes si andas en el Espíritu?

• ¿Qué aprendes al marcar carne y el Espíritu en los versículos 24-25?

• De acuerdo con este pasaje, ¿qué debes hacer para tener la victoria sobre tus deseos, tentaciones y pasiones sexuales?

OBSERVA

Líder: Lee en voz alta Filipenses 4:8. Pide al grupo que:

- Encierren en un círculo la palabra **hermanos**, ya que hace referencia a los **creyentes**.

DISCUTE

- ¿Qué aprendiste al marcar la referencia a los creyentes?

- De acuerdo a la instrucción de Dios en este pasaje, ¿qué podemos hacer para asegurar la victoria frente a nuestras tentaciones y deseos?

- ¿Qué norma establece este pasaje para el creyente?

- ¿Qué impacto práctico tendría esto en la vida diaria de un hombre Cristiano?

- Basado en todo lo que has aprendido hasta el momento, ¿cómo es que el "en esto mediten" te ayudaría a abstenerte de la inmoralidad sexual?

Filipenses 4:8

Por lo demás, hermanos, todo lo que es verdadero, todo lo digno, todo lo justo, todo lo puro, todo lo amable, todo lo honorable, si hay alguna virtud o algo que merece elogio, en esto mediten.

⁹ ¿Cómo puede el joven guardar puro su camino? Guardando Tu palabra.

¹⁰ Con todo mi corazón Te he buscado; no dejes que me desvíe de Tus mandamientos.

¹¹ En mi corazón he atesorado Tu palabra, para no pecar contra Ti.

OBSERVA

Líder: Lee en voz alta el Salmo 119:9-11.
- *Pide al grupo que encierren en un círculo toda referencia a joven, mi, me y he.*

DISCUTE
- ¿Qué aprendiste al marcar las referencias al joven? ¿Qué es lo que busca hacer?

- ¿Cómo puede conseguir su objetivo?

- De acuerdo a este pasaje, ¿qué acciones puedes llevar a cabo para abstenerte de la inmoralidad sexual?

2 Pedro 1:3-4

³ Pues Su divino poder nos ha concedido todo cuanto concierne a la vida y a la piedad, mediante el verdadero conocimiento de Aquél que nos llamó por Su gloria y excelencia.

OBSERVA

Líder: Lee en voz alta 2 Pedro 1:3-4. Pide al grupo que...
- *encierren en un círculo toda referencia verbal a los creyentes y su pronombre nos.*
- *subrayen cada mención de la palabra concedido.*

DISCUTE

- ¿Qué aprendiste de las referencias a los creyentes en estos versículos?

- ¿De qué ha escapado el creyente?

- ¿Cómo te podría ayudar el conocer esto, para abstenerte de la inmoralidad sexual?

⁴ Por ellas El nos ha concedido Sus preciosas y maravillosas promesas, a fin de que ustedes lleguen a ser partícipes de *la* naturaleza divina, habiendo escapado de la corrupción que hay en el mundo por *causa de los* malos deseos.

OBSERVA

Líder: Lee en voz alta Santiago 4:7-8a.
- *Pide al grupo que enumere cada una de las instrucciones.*

DISCUTE

- La Biblia nos enseña que el diablo es nuestro adversario. De acuerdo a este pasaje, ¿Qué tres cosas debemos hacer cuando nos encontremos con la tentación?

- ¿Cuáles son los resultados de nuestra obediencia?

Santiago 4:7-8a

⁷ Por tanto, sométanse a Dios. Resistan, pues, al diablo y huirá de ustedes.

⁸ Acérquense a Dios, y El se acercará a ustedes.

FINALIZANDO

Se te ha concedido todo cuanto concierne a la vida y a la piedad. Se te han concedido las preciosas y maravillosas promesas de Dios, a fin de que por ellas llegues a ser partícipe de la naturaleza divina.

Aunque anteriormente te deleitabas en los deseos de la carne y de la mente, ahora eres una nueva criatura en Cristo. Tú puedes elegir andar por el Espíritu y no cumplir el deseo de tu carne.

Pase lo que pase, debes guardar los mandamientos de Dios y no abandonar Sus enseñanzas. Su Palabra te guiará por donde andes, velará por ti cuando duermas, hablará contigo cuando estés despierto, te reprenderá cuando estés mal y te guardará de la adúltera.

Sométete a Dios. Resiste al diablo y huirá de ti. No proveas para la carne. Evita cualquier cosa que pueda conducirte a la promiscuidad sexual y sensualidad; esto incluye el no permitir que tus ojos o tus pensamientos se entretengan con imágenes inapropiadas. Ten cuidado de lo que observes, de lo que leas, de lo que escuches, de a dónde vas, de lo que dices y de con quién te quedas a solas.

Si eres culpable de mirar fijamente a una mujer, de tener fantasías de actos sexuales con alguien o de tener sueños de romances adúlteros, confiésalo como pecado y acércate a Dios por medio del estudio de Su Palabra.

Si has visto o leído algo que no debías, dicho cualquier cosa que sea sensual o provocativa o te has puesto en una posición potencialmente tentadora, confiesa tu pecado, abandónalo y comprométete a nunca hacerlo de nuevo. Toma cautivos esos pensamientos y piensa en aquellas cosas que son verdaderas, dignas, justas, puras, amables, honorables o que merezcan elogios.

El pecado sexual daña tu propio cuerpo, daña a la otra persona y daña a tu actual o futuro cónyuge. Pero lo más importante, el pecado sexual daña tu relación con Dios. Si tratas de encubrirlo no prosperarás y tarde o temprano serás descubierto. Si lo confiesas y te apartas, recibirás la misericordia y el perdón de Dios.

Él ha hecho Su parte. ¿Harás tú la tuya? ¿Vivirás una vida santa, pura, irreprensible que agrade a Dios? Ésta es la voluntad de Dios para tu vida: tu santificación. Él desea que te abstengas de la inmoralidad sexual controlando tus pensamientos, deseos y pasiones.

Esta singular serie de estudios bíblicos del equipo de enseñanza de Ministerios Precepto Internacional, aborda temas con los que luchan las mentes investigadoras; y lo hace en breves lecciones muy fáciles de entender e ideales para reuniones de grupos pequeños. Estos cursos de estudio bíblico, de la serie 40 minutos, pueden realizarse siguiendo cualquier orden. Sin embargo, a continuación te mostramos una posible secuencia a seguir:

¿Cómo Sabes que Dios es Tu Padre?

Muchos dicen: "Soy cristiano"; pero, ¿cómo pueden saber si Dios realmente es su Padre—y si el cielo será su futuro hogar? La epístola de 1 Juan fue escrita con este propósito—que tú puedas saber si realmente tienes la vida eterna. Éste es un esclarecedor estudio que te sacará de la oscuridad y abrirá tu entendimiento hacia esta importante verdad bíblica.

Cómo Tener una Relación Genuina con Dios

A quienes tengan el deseo de conocer a Dios y relacionarse con Él de forma significativa, Ministerios Precepto abre la Biblia para mostrarles el camino a la salvación. Por medio de un profundo análisis de ciertos pasajes bíblicos cruciales, este esclarecedor estudio se enfoca en dónde nos encontramos con respecto a Dios, cómo es que el pecado evita que lo conozcamos y cómo Cristo puso un puente sobre aquel abismo que existe entre los hombres y su SEÑOR.

Ser un Discípulo: Considerando Su Verdadero Costo

Jesús llamó a Sus seguidores a ser discípulos. Pero el discipulado viene con un costo y un compromiso incluido. Este estudio da una mirada inductiva a cómo la Biblia describe al discípulo, establece las características de un seguidor de Cristo e invita a los estudiantes a aceptar Su desafío, para luego disfrutar de las eternas bendiciones del discipulado.

¿Vives lo que Dices?

Este estudio inductivo de Efesios 4 y 5, está diseñado para ayudar a los estudiantes a que vean, por sí mismos, lo que Dios dice respecto al estilo de vida de un verdadero creyente en Cristo. Este estudio los capacitará para vivir de una manera digna de su llamamiento; con la meta final de desarrollar un andar diario con Dios, caracterizado por la madurez, la semejanza a Cristo y la paz.

Viviendo Una Vida de Verdadera Adoración

La adoración es uno de los temas del cristianismo peor entendidos; y este estudio explora lo que la Biblia dice acerca de la adoración: ¿qué es? ¿Cuándo sucede? ¿Dónde ocurre? ¿Se basa en las emociones? ¿Se limita solamente a los domingos en la iglesia? ¿Impacta la forma en que sirves al Señor? Para éstas, y más preguntas, este estudio nos ofrece respuestas bíblicas novedosas.

Descubriendo lo que Nos Espera en el Futuro

Con todo lo que está ocurriendo en el mundo, las personas no pueden evitar cuestionarse respecto a lo que nos espera en el futuro. ¿Habrá paz alguna vez en la tierra? ¿Cuánto tiempo vivirá el mundo bajo la amenaza del terrorismo? ¿Hay un horizonte con un solo gobernante mundial? Esta fácil guía de estudio conduce a los lectores a través del importante libro de Daniel; libro en el que se establece el plan de Dios para el futuro.

Cómo Tomar Decisiones Que No Lamentarás

Cada día nos enfrentamos a innumerables decisiones; y algunas de ellas pueden cambiar el curso de nuestras vidas para siempre. Entonces, ¿a dónde acudes en busca de dirección? ¿Qué debemos hacer cuando nos enfrentamos a una tentación? Este breve estudio te brindará una práctica y valiosa guía, al explorar el papel que tiene la Escritura y el Espíritu Santo en nuestra toma de decisiones.

Dinero y Posesiones: La Búsqueda del Contentamiento

Nuestra actitud hacia el dinero y las posesiones reflejará la calidad de nuestra relación con Dios. Y, de acuerdo con las Escrituras, nuestra visión del dinero nos muestra dónde está descansando nuestro verdadero amor. En este estudio, los lectores escudriñarán las Escrituras para aprender de dónde proviene el dinero, cómo se supone que debemos manejarlo y cómo vivir una vida abundante, sin importar su actual situación financiera.

Cómo puede un Hombre Controlar Sus Pensamientos, Deseos y Pasiones

Este estudio capacita a los hombres con la poderosa verdad de que Dios ha provisto todo lo necesario para resistir la tentación; y lo hace, a través de ejemplos de hombres en las Escrituras, algunos de los cuales cayeron en pecado y otros que se mantuvieron firmes. Aprende cómo escoger el camino de pureza, para tener la plena confianza de que, a través del poder del Espíritu Santo y la Palabra de Dios, podrás estar algún día puro e irreprensible delante de Dios.

Viviendo Victoriosamente en Tiempos de Dificultad

Vivimos en un mundo decadente, poblado por gente sin rumbo, y no podemos escaparnos de la adversidad y el dolor. Sin embargo, y por alguna razón, los difíciles tiempos que se viven actualmente son parte del plan de Dios y sirven para Sus propósitos. Este valioso estudio ayuda a los lectores a descubrir cómo glorificar a Dios en medio del dolor; al tiempo que aprenden cómo encontrar gozo aún cuando la vida parezca injusta, y a conocer la paz que viene al confiar en el Único que puede brindar la fuerza necesaria en medio de nuestra debilidad.

Edificando un Matrimonio que en Verdad Funcione

Dios diseñó el matrimonio para que fuera una relación satisfactoria y realizadora; creando a hombres y mujeres para que ellos—juntos y como una sola carne—pudieran reflejar Su amor por el mundo. El matrimonio, cuando es vivido como Dios lo planeó, nos completa, nos trae gozo y da a nuestras vidas un fresco significado. En este estudio, los lectores examinarán el diseño de Dios para el matrimonio y aprenderán cómo establecer y mantener el tipo de matrimonio que trae gozo duradero.

El Perdón: Rompiendo el Poder del Pasado

El perdón puede ser un concepto abrumador, sobre todo para quienes llevan consigo profundas heridas provocadas por difíciles situaciones de su pasado. En este estudio innovador, obtendrás esclarecedores conceptos del perdón de Dios para contigo, aprenderás cómo responder a aquellos que te han tratado injustamente, y descubrirás cómo la decisión de perdonar rompe las cadenas del doloroso pasado y te impulsa hacia un gozoso futuro.

Elementos Básicos de la Oración Efectiva

Esta perspectiva general de la oración te guiará a una vida de oración con más fervor a medida que aprendes lo que Dios espera de tus oraciones y qué puedes esperar de Él. Un detallado examen del Padre Nuestro, y de algunos importantes principios obtenidos de ejemplos de oraciones a través de la Biblia, te desafiarán a un mayor entendimiento de la voluntad de Dios, Sus caminos y Su amor por ti mientras experimentas lo que significa verdaderamente el acercarse a Dios en oración.

Cómo se Hace un Líder al Estilo de Dios

¿Qué espera Dios de quienes Él coloca en lugares de autoridad? ¿Qué características marcan al verdadero líder efectivo? ¿Cómo puedes ser el líder que Dios te ha llamado a ser? Encontrarás las respuestas a éstas, y otras preguntas, en este poderoso estudio de cuatro importantes líderes de Israel—Elí, Samuel, Saúl y David— cuyas vidas señalan principios que necesitamos conocer como líderes en nuestros hogares, en nuestras comunidades, en nuestras iglesias y finalmente en nuestro mundo.

¿Qué Dice la Biblia Acerca del Sexo?

Nuestra cultura está saturada de sexo, pero muy pocos tienen una idea clara de lo que Dios dice acerca de este tema. En contraste a la creencia popular, Dios no se opone al sexo; únicamente, a su mal uso. Al aprender acerca de las barreras o límites que Él ha diseñado para proteger este regalo, te capacitarás para enfrentar las mentiras del mundo y aprender que Dios quiere lo mejor para ti.

Principios Clave para el Ayuno Bíblico

La disciplina espiritual del ayuno se remonta a la antigüedad. Sin embargo, el propósito y naturaleza de esta práctica a menudo es malentendida. Este vigorizante estudio explica por qué el ayuno es importante en la vida del creyente promedio, resalta principios bíblicos para el ayuno efectivo, y muestra cómo esta poderosa disciplina lleva a una conexión más profunda con Dios.

ACERCA DE MINISTERIOS PRECEPTO INTERNACIONAL

Ministerios Precepto Internacional fue levantado por Dios para el solo propósito de establecer a las personas en la Palabra de Dios para producir reverencia a Él. Sirve como un brazo de la iglesia sin ser parte de una denominación. Dios ha permitido a Precepto alcanzar más allá de las líneas denominacionales sin comprometer las verdades de Su Palabra inerrante. Nosotros creemos que cada palabra de la Biblia fue inspirada y dada al hombre como todo lo que necesita para alcanzar la madurez y estar completamente equipado para toda buena obra de la vida. Este ministerio no busca imponer sus doctrinas en los demás, sino dirigir a las personas al Maestro mismo, Quien guía y lidera mediante Su Espíritu a la verdad a través de un estudio sistemático de Su Palabra. El ministerio produce una variedad de estudios bíblicos e imparte conferencias y Talleres Intensivos de entrenamiento diseñados para establecer a los asistentes en la Palabra a través del Estudio Bíblico Inductivo.

Jack Arthur y su esposa, Kay, fundaron Ministerios Precepto en 1970. Kay y el equipo de escritores del ministerio producen estudios **Precepto sobre Precepto,** Estudios **In & Out**, estudios de la **serie Señor**, estudios de la **Nueva serie de Estudio Inductivo**, estudios **40 Minutos** y **Estudio Inductivo de la Biblia Descubre por ti mismo para niños.** A partir de años de estudio diligente y experiencia enseñando, Kay y el equipo han desarrollado estos cursos inductivos únicos que son utilizados en cerca de 185 países en 70 idiomas.

MOVILIZANDO

Estamos movilizando un grupo de creyentes que "manejan bien la Palabra de Dios" y quieren utilizar sus dones espirituales y talentos para alcanzar 10 millones más de personas con el estudio bíblico inductivo para el año 2015. Si compartes nuestra pasión por establecer a las personas en la Palabra de Dios, te invitamos a leer más. Visita **www.precept.org/Mobilize** para más información detallada.

RESPONDIENDO AL LLAMADO

Ahora que has estudiado y considerado en oración las escrituras, ¿hay algo nuevo que debas creer o hacer, o te movió a hacer algún cambio en tu vida? Es una de las muchas cosas maravillosas y sobrenaturales que resultan de estar en Su Palabra – Dios nos habla.

En Ministerios Precepto Internacional, creemos que hemos escuchado a Dios hablar acerca de nuestro rol en la Gran Comisión. Él nos ha dicho en Su Palabra que hagamos discípulos enseñando a las personas cómo estudiar Su Palabra. Planeamos alcanzar 10 millones más de personas con el Estudio Bíblico Inductivo para el año 2015.

Si compartes nuestra pasión por establecer a las personas en la Palabra de Dios, ¡te invitamos a que te unas a nosotros! ¿Considerarías en oración aportar mensualmente al ministerio? Hemos hecho las cuentas y por cada $2 que aportes, podremos alcanzar una persona con este estudio que cambia vidas. Si ofrendas en línea en **www.precept.org/ATC**, ahorramos gastos administrativos para que tus dólares alcancen a más gente. Si aportas mensualmente como una ofrenda mensual, menos dólares van a gastos administrativos y más van al ministerio.
Por favor ora acerca de cómo el Señor te podría guiar a responder el llamado.

COMPRA CON PROPÓSITO
Cuando compras libros, estudios, audio y video, por favor cómpralos de Ministerios Precepto a través de nuestra tienda en línea (**http://store.precept.org/**) o en la oficina de Precepto en tu país. Sabemos que podrías encontrar algunos de estos materiales a menor precio en tiendas con fines de lucro, pero cuando compras a través de nosotros, las ganancias apoyan el trabajo que hacemos:

• Desarrollar más estudios bíblicos inductivos
• Traducir más estudios en otros idiomas
• Apoyar los esfuerzos en 185 países
• Alcanzar millones diariamente a través de la radio y televisión
• Entrenar pastores y líderes de estudios bíblicos alrededor del mundo
• Desarrollar estudios inductivos para niños para comenzar su viaje con Dios
• Equipar a las personas de todas las edades con las habilidades es estudio bíblico que transforma vidas

Cuando compras en Precepto, ¡ayudas a establecer a las personas en la Palabra de Dios!